제임스 뷰캐넌

제임스 뷰캐넌

초판 1쇄 인쇄 | 2022년 8월 25일
초판 1쇄 발행 | 2022년 9월 1일

지 은 이 | 김성준
발 행 인 | 최승노

기획·마케팅 | 신은수
편집 | 인그루출판인쇄협동조합
디자인 | 인그루출판인쇄협동조합

발 행 처 | 지식발전소
주　　소 | (07236) 서울시 영등포구 국회대로62길 9 산림비전센터 7층
전　　화 | 02-3774-5000
홈페이지 | www.cfe.org
E - mail | cfemaster@cfe.org
I S B N | 978-89-8429-249-9 03320
정　　가 | 10,000원

낙장 및 파본 도서는 바꿔 드립니다.
이 책 내용의 전부 또는 일부를 재사용하려면 반드시 자유기업원의 동의를 받아야 합니다.

제임스 뷰캐넌

공공선택학의 개척자, 정부만능주의를 경계하다

James M. Buchanan: A Father of Public Choice Theory

김 성 준

지식발전소

차 례

일러두기 6
인사말 7
감사의 글 15
프롤로그 18

제1부
뷰캐넌 교수의 삶

1. 테네시 주 작은 농촌마을의 소년   25
2. 시카고 대학 시절   34
   - 재정학자로 출발
   - 두 멘토와 만남
3. 공공선택학을 설계한 개척자   56

제2부
뷰캐넌 교수의 학문세계

1. 정치적 의사결정의 원리를 파헤치다   71
   - 집단적 의사결정의 본질
   - 공공선택학의 탄생

2. 개인의 자유를 최우선시하다　　　　　　　　　　81
　· 개인의 자유와 가치
　· 뷰캐넌 교수의 세계관

3. 교환의 가치를 부활시키다　　　　　　　　　　90
　· 교환의 학문
　· 교환으로서의 정치
　· 과정의 중요성

4. 민주주의의 함정을 경고하다　　　　　　　　　103
　· 다수결제도의 비판
　· 민주주의와 지대추구

5. 정부의 역할과 한계를 구별하다　　　　　　　119
　· 정부의 역할
　· 균형예산과 재정준칙

6. 규칙 선택의 중요성을 강조하다　　　　　　　130

에필로그　137
참고문헌　141
뷰캐넌 교수의 연보　146
주석　149

일러두기

◎ 국내에서는 Public Choice Theory가 아직까지 공공선택론으로 많이 알려져 있으나 근래 학계에서는 공공선택학으로 부르는 추세이기 때문에 이 책에서는 공공선택학으로 통일하였습니다.

◎ 제임스 뷰캐넌James M. Buchanan이라는 이름은 미국의 15대 대통령과 같은 까닭에 대통령의 이름과 구별하기 위해 필요할 경우 뷰캐넌 교수라고 부릅니다.

◎ 뷰캐넌의 삶과 학문세계를 전공 학생분만 아니라 일반 독자에게 쉽게 전달하는 것이 목적이기 때문에 가능한 학문적 용어를 풀어서 설명하고 일상적인 표현을 사용하였습니다.

◎ 사람이나 저서의 이름과 주요 용어는 처음 나올 때 원어를 표시하고 이후 생략하였습니다. 가급적 원어의 표시를 줄이고자 하였으나 우리말로 번역할 때 의미를 정확하게 전달하기 어려운 경우는 나란히 표시했습니다.

◎ 일부 내용은 1부와 2부에서 중복되지만 글의 흐름을 위해 필요하다고 생각하여 그대로 진행하였습니다. 또한 참고한 내용마다 일일이 문헌의 인용을 담지 않고 관련 자료들을 참고문헌에 별도로 소개하였습니다.

시작하면서

반갑습니다.

이번에 "제임스 뷰캐넌: 공공선택학의 개척자, 정부만능주의를 경계하다"를 준비한 김성준입니다. 저는 현재 경북대학교에서 정부정책에 관련된 과목과 공공선택론을 가르치는 정치경제학자입니다.

제가 대학에 다니던 1980~90년대만 해도 우리나라에서 정치경제학자라고 하면 대부분 마르크스주의자^{Marxist}라고 생각했습니다. 요즘도 그렇게 생각하는지는 확실치 않지만 굳이 따지자면 저는 반공산주의, 반사회주의자이자라는 점에서 오히려 그 반대의 입장에 있습니다.

정치경제학political economy이라는 학문이 낯선 독자들을 위해 간략하게 소개하겠습니다.

여러분은 우리 사회에서 정치와 경제 영역이 각각 독립적으로 움직인다고 생각하십니까 아니면 둘은 서로 밀접하게 연관되어 상호 영향을 미치는 것으로 보이십니까?

정치경제학은 정치와 경제가 서로 뗄 수 없이 깊이 연관되어 있다고 생각하고 그들의 상호작용을 연구하는 학문입니다. 구체적으로는 정치권력을 잡은 이들의 이념, 철학, 사상이 어떤 법과 제도, 시스템을 통해 국가 경제에 어떻게 영향을 미치는지. 또는 반대로 국가의 자본축적, 노동생산성 증가, 기술진보와 같은 경제적 요인들이 어떤 정치체제나 법과 제도를 요구하는지에 대한 연구라고 할 수 있습니다.

예를 들어, 자유주의 이념을 가진 집단이 정권을 잡으면 어떤 정책으로 경제에 어떤 영향을 미치게 될까요? 이들은 가능한 개인의 자유, 생명, 재산을 보장하는 법과 제도를 만들고자 할 것입니다. 나아가 시민들의 자발적인 교환과 경쟁을 바탕으로 한 시장을 신뢰하고 정부개입을 최소화하는 정책을 추진할 것입니다.

이와 반대로 개인보다 집단, 공동체나 국가를 우위에 두는 전체주의 또는 사회주의 이념이 강한 이들이 정권을 장악하면 자유로운 시장보다는 정부주도의 계획과 통제/규제를 더욱 신뢰할 것입니다. 이들은 개인을 집단의 목적 달성을 위한 수단으로 여기고 국가전체의 존립과 발전이라는 명분으로 경제정책의 방향을 잡게 될 것입니다.

정치경제학은 경제학이 시장에서 소비자와 생산자의 경제적 유인과 동기를 분석하듯이 정치시장의 참여자에 대해 연구합니다. 누군가는 왜 직접 선거에 직접 뛰어들려 하는지, 왜 정부 관직에 오르려 하는지, 혹은 유권자들 중에 어떤 사람은 왜 투표에 적극적으로 참여하고 누군가는 투표를 포기하는지 등 정치시장의 참여자인 정치인, 관료, 유권자, 이익집단 등을 연구합니다. 이렇듯 정치경제학자는 현실 정치가 경제에 어떤 영향을 미치며, 경제가 정치 및 사회 구조와 어떤 관계를 갖고 상호작용하는지를 연구합니다. 동시에 저는 정책학자로서 정부의 정책이 어떻게 만들어지고, 집행되며, 사회 전체에 어떤 영향을 주는지를 평가하는 정책과정policy process을 공공선택학의 시각에서 설명하는 연구에 관심을 두고 있습니다.

제가 사회를 바라보는 사고의 이론적 토대가 되는 공공선택학은 고전정치경제학classical political economy으로부터 현대 주류경제학까지 이어지는 방법론을 적용하여 정치행정 분야를 연구하는 사회과학입니다. 세부적으로는 정부실패, 지대추구, 정치시장, 관료행동, 헌법정치경제학 등의 주제들을 다룹니다.

학부와 대학원에서 경제학과 행정학, 그리고 정치경제학을 공부한 제가 공공선택학자의 길을 걷는데 가장 큰 영향을 준 학자가 이 책에서 소개하는 제임스 뷰캐넌 교수입니다. 사회과학의 다른 분야들과 마찬가지로 공공선택학 역시 학자마다 추구하는 방향, 이론의 차이가 있고 관심 주제도 다양하게 나뉘어 있습니다. 정부의 재정과 규제를 주제로 학위논문을 쓰고 이 분야에 관심을 가지고 있는 학문적 배경 때문에 저는 공공선택학 가운데 주로 뷰캐넌 교수와 버지니아학파의 연구를 중심으로 공부합니다.

...

  개인적으로 저는 어떤 종류의 책을 읽든지 우선 글쓴이에 대한 리서치부터 시작하는 습관이 있습니다. 그들이 살아온 시대와 장소, 성장과정, 어떤 교육을 받고 어떤 학문적 배경과 철학, 그리고 종교가 있는지 등이 글을 쓴 사람의 사고를 만들고 글에 자연스럽게 녹아있다고 믿기 때문입니다. 개인의 이념과 철학이 고스란히 담겨있는 사회과학을 공부하는 이들은 더욱 그렇습니다.
  이 책을 준비하고자 마음먹게 된 가장 큰 동기는 도대체 정부의 본질은 무엇인지, 왜 갈수록 시민에 대한 통제와 규제는 강화되고 시장에 대한 정부의 개입은 점점 늘어나기만 하는지, 왜 정치인과 관료들은 부패하는지 등에 대해 궁금해하는 분들에게 작게나마 도움을 주기 위해서입니다.

공공선택학은 어설프게 낭만적인 생각을 배제하고 객관적이고 사실적인 시각으로 정치와 정부를 바라봅니다. 그래서 뷰캐넌 교수는 공공선택학을

"로맨스 없는 정치학"

(Politics without Romance)

이라고 했습니다.

그는 정부를 무슨 우상[idol]처럼 여기거나 모든 문제를 해결할 수 있는 만병통치약처럼 믿는 미신을 깨고 정치인과 관료의 본질을 냉정하고 신랄하게 파헤칩니다. 저는 정부에 대한 실상[fact]을 합리적인 시각에서 있는 그대로 이해하

고자 하는 분들을 위해 공공선택학의 설계자인 뷰캐넌 교수의 삶과 학문을 소개하는 것이 의미 있을 것이라고 생각했습니다.

다만 형식은 학술적인 연구서나 전문적인 평전評傳과 같이 지나치게 딱딱하고 무거운 형식이 아니라, 부담 없이 읽을 수 있는 내용과 문장의 형식으로 소개하는 수준에서 시작해야겠다고 판단했습니다.

뷰캐넌 교수의 삶은 결코 순탄하거나 녹록하지 않았습니다. 특히 그의 학문세계는 내용이 방대하고 때로는 이해하기 어렵기 때문에 제가 공부한 지식의 한계 내에서 에센스라고 할 수 있는 내용만을 뽑아 가능한 쉽게 이야기하는 방식으로 실었습니다. 또한 코끼리의 한 부분만을 자세히 보여주기보다 뷰캐넌 교수의 모습이 대략 이렇다는 것을 보여줄 수 있는 한 장의 사진 형식으로 접근하고자 했습니다.

우리는 누구나 자신이 좋아하는 성향과 지적 능력에서 벗어나기 어렵기 때문에 저 역시 제가 관심을 갖는 내용에 제한되고 부족한 지력에서 벗어날 수 없었음을 인정합니다. 따라서 가능한 제 개인적인 의견을 자제하고 자료를 근거로 한 객관적인 사실과 내용에 초점을 맞추고자 했습니다.

감사의 글

　공자님과 그의 사상을 잘 알지 못하지만 어려서부터 벗을 사귄다는 교우交友에 대한 그의 가르침을 잊지 않고 살고 있습니다.

"배울 수 있는 친구를 가까이 하라."

　탁월함과는 워낙 거리가 먼 사람이라 어려서부터 사람에 욕심이 많고 배울 수 있는 사람을 유난히 가까이 두고 싶어 했습니다. 훌륭한 제자를 길러내고 곁에서 배울 수 있는 직업으로서 선생이 되고 싶어 했던 가장 중요한 이유입니다.

자그마한 책이지만 여러분들께 신세를 지고 말았습니다. 뛰어난 연구자이자 늘 곁에서 배울 수 있는 벗인 박선주 교수, 권기석 교수, 그리고 여러 면에서 스승보다 나은 제자 강상민, 권민서, 박하영, 박현준, 조수룡은 원고 준비 과정에서 건설적인 피드백을 주었습니다. 그대들이 있어 늘 든든하고 행복합니다.

책도 시장에 선보이고 판매가 될 만한 것이어야 제작되는데도 불구하고 경제학자이면서도 시장성은 전혀 고려하지 않고 기꺼이 출판을 허락해주신 자유기업원 최승노 원장님께 감사드립니다. 더불어 평소와 달리 책 출판에서만큼은 별스럽게 까다로운 제 요구에도 싫은 기색 하나 없이 온전히 반영해 주신 신은수 연구원님 그리고 지식발전소 편집자 여러분들께 진심으로 고마움을 전합니다.

뷰캐넌 교수에게 프랭크 나이트라는 멘토가 있었다면 저에게는 일상의 삶과 학자로서 배움의 이정표가 되는 한국과

학기술연구원^{KIST}의 책임연구원이자 고려대학교 KU-KIST 융합대학원 교수이신 김인산 교수님이 계십니다. 교수님께 변함없는 깊은 존경과 감사의 말을 올립니다.

  마지막으로 이 책을 위도 아래도 이해할 수 있는 중간 정도의 평범한 사람으로 낳아주신 부모님께 바칩니다.

2022년 6월
'현자가 엎드려 있다'는 뜻을 가진
복현伏賢마을 연구실에서
김 성 준

프롤로그

뷰캐넌 교수의 공식적인 이름^{full name}은 제임스 맥길 뷰캐넌 주니어^{James McGill Buchanan, Jr.}입니다. 그는 공공선택학이라는 새로운 분야를 개척한 공로를 인정받아 1986년 노벨경제학상을 수상하였습니다.

스웨덴 왕립과학아카데미는 뷰캐넌 교수의 수상 배경을 다음과 같이 밝히고 있습니다.[1]

**"경제 및 정치적 의사결정이론의
계약과 헌법적 기초를 발전시킨 공로"**

(His development of the contractual and constitutional bases for the theory
of economic and political decision-making)

노벨상 수상　　　　　　　　　　　　　　　　　출처 : Kyodo News

뷰캐넌 교수가 개척한 공공선택학은 한마디로 경제학 방법론을 시장을 넘어 정부의 영역에 적용한 학문입니다. 즉, 그가 주된 관심을 두는 연구 대상은 시장이 아니라 정부 혹은 정치행정과 관련된 현상입니다. 하지만 이를 분석하고 해석하는 것으로는 전통적인 정치행정학 접근방식이 아니라 고전정치경제학 또는 경제학을 연구하는 방법론을 택하고 있습니다.

이러한 접근방식은 학문적으로 중요한 의미를 갖습니다. 공공선택학이 등장할 때 까지만 하더라도 사회과학 내에서는 학문마다 각자의 영역과 고유의 색깔이 강했습니다. 물론 지금도 여전히 그 때와 크게 다르지는 않습니다. 예를 들어 정치학은 정치현상을 연구하기 위해 주로 정치학 방법론을 활용합니다. 반면 경제학은 시장과 경제현상을 이해하기 위해 경제학 방법론을 적용합니다. 이렇게 두 학문은 각각의 연구대상과 방법론을 달리하면서 독자적으로 걸어왔습니다.

하지만 공공선택학이 등장하면서 기존의 정치행정학의 영역으로만 여겨지던 주제들을 경제학의 방법론과 접근방식으로 설명하려는 시도가 나타난 것입니다. 요즘 식으로 표현하면 공공선택학이야말로 '융합적 연구'라고 할 수 있습니다. 사실 이것은 정치행정과 경제학이 분리되기 오래 전부터 있었던 정치경제학적인 연구방식입니다. 그래서 뷰캐넌 교수는 공공선택학을 '고전정치경제학의 부활'이라고 했습니다.

저는 이 책에서 뷰캐넌 교수의 삶을 크게 두 부분으로 나누어 보았습니다. 1부에서는 성장과정을 중심으로 그의 삶의 여정을 소개하고, 2부에서는 그가 평생 도전했던 연구주제를 중심으로 그의 학문세계를 소개하였습니다.

제1부

뷰캐넌 교수의 삶
가난한 농촌 소년이 노벨경제학상 수상자가 되다

사람들은 누구나 성장과정에서 시대적, 사회적 상황 그리고 환경적 조건과 분위기를 통해 자신의 사고방식과 행동, 나아가 삶 전체에 직간접적인 영향을 받습니다. 당연히 학자의 성장배경 역시 그의 학문적 관점, 이념적 방향, 관심 연구 주제와 내용에 결정적인 영향을 주게 됩니다.

이런 의미에서 1부에서는 뷰캐넌 교수의 생애를 그가 나고 자란 가정환경과 시대적, 공간적 배경 그리고 연구자로서 발전해 가는 모습을 시간의 흐름에 따라 소개하고자 합니다. 그의 생애를 크게 그가 태어나고 자란 고향 테네시 주에서의 성장기, 군복무 후 시카고 대학에서의 학창 시절, 그리고 박사학위를 받고 나서 교수로서의 여정으로 나누어 전개하였습니다. 특히, 공공선택학자로서 그의 학문에 영향을 준 삶의 과정을 가장 결정적인 계기가 된 인물과 사건을 중심으로 돌아보겠습니다. 우리는 이를 통해 그의 인간관, 국가관, 세계관을 엿볼 수 있을 것입니다.

1. 테네시 주 작은 농촌마을의 소년

 미국의 대학교수들 중에는 인종 대비 비율로 볼 때 유난히 유대인^{Jews}이 많고 경제적으로 중산층 이상의 가정에서 교육 받은 경우가 대부분입니다. 가장 대중적으로 알려진 학문적 성취의 척도라고 할 수 있는 노벨상^{Nobel Prize}의 경우, 세계 인구의 0.2% 정도에 불과한 유대인이 역대 20%가 넘는 수상자를 배출했다는 것 자체만으로 놀랍기만 합니다.

 경제학 분야도 크게 다르지 않습니다. 노벨경제학상의 경우에도 잘 알려진 폴 새뮤얼슨^{Paul Samuelson}, 게리 베커 ^{Gary}

Becker를 비롯하여 지금까지 무려 서른 명이 넘는 수상자가 유대인입니다.

이 같은 미국 대학의 교수진, 나아가 학계의 보편적인 모습과 달리 뷰캐넌 교수는 1919년 10월 3일 미국 남부의 테네시Tennessee 주의 작은 농촌마을인 머프리스버로Murfreesboro에서 가난한 농부의 아들로 태어났습니다. 그는 유대인도 아니고 경제적으로도 형편이 넉넉하지 못한 가정에서 어린 시절부터 농사를 도우며 동네 공립학교를 다녔습니다. 뷰캐넌 교수는 어린 시절을 돌아보며 스스로를 'farm boy'라고 부르곤 했는데 여러 뉘앙스로 볼 때 자신을 '시골 촌놈'이었다는 의미로 표현했던 것 같습니다.

테네시주
머프리스버로 지역
출처 : Wikipedia

그의 할아버지 존 뷰캐넌John P. Buchanan은 당시 인민주의자populist로서 농민동맹당Farmer's Alliance Party 후보로 1891년에 테네시 주의 주지사로 선출되어 1893년까지 2년간 재직했습니다. 이 시기는 미국 정치사에서 매우 독특한 시기로 인민주의 성격의 주지사를 선출한 주가 미국 전체에 6개 있었는데, 그들이 주지사 선거에서 승리한 것은 역사상 이 때 단 한 번뿐이고 이후 민주당 세력에 흡수되거나 정치시장에서 축출되었습니다. 뷰캐넌은 이 같은 어른들의 정치적 배경과 집안 분위기에 영향을 받으면서 할아버지가 주지사 시절부터 살았던 오래된 집에서 성장합니다.

계보학적으로 뷰캐넌이라는 성은 게일계Gaelic로 아일랜드와 스코틀랜드에 관련되는데, 그 뿌리는 스코틀랜드에서 유래하며 스코틀랜드-아일랜드계Scots-Irish에 속합니다. 뷰캐넌의 조상은 스코틀랜드를 떠나 북아일랜드에서 약 100년 동안 살다가 18세기 중반에 북아일랜드에서 다시 미국으로 대규모 이주를 합니다. 그 가운데 일부가 테네시 주 중부의 첫 정착민들 중 하나로 테네시 주 내슈빌Nashville 부근에 정착했습니다. 당시 이주민들 가운데 일부는 동부의 펜실베이니아에 정착하였고 미국의 15대 대통령 제임스 뷰캐넌이 그들의 후손입니다. 그리고 또 다른 일부는 버지니아에 정착했는데 이 지역에서는 뷰캐넌이라는 이름을 흔히 볼 수 있다고 합니다.

15대 대통령
제임스 뷰캐넌

이처럼 대대로 이어온 집안의 배경은 뷰캐넌 교수가 이후 스코틀랜드 학풍의 전통에 공감을 가지는 데 영향을 미칩니다. 특히, 그의 사상과 가치관 형성에 스코틀랜드 계몽주의 철학자들로부터 상당한 영향을 받습니다. 스코틀랜드

계몽주의Scottish Enlightenment는 18세기 스코틀랜드를 중심으로 과학적 성과가 두드러졌던 시기의 지식체계 전반에 걸쳐 영향을 미친 계몽주의 사조입니다. 대표적인 인물로는 프랜시스 허치슨Francis Hutcheson, 데이비드 흄David Hume, 애덤 스미스Adam Smith 등이 있습니다.

가정형편이 어려웠던 그는 1936년 테네시 주도capital인 내슈빌에 소재한 명문 사립 밴더빌트 대학Vanderbilt University에 진학하고 싶었지만 포기합니다. 대신 고향의 작은 미들테네시주립 교육대학Middle Tennessee State Teachers College에서 대학생활을 시작합니다. 학비와 책값을 벌기 위해 "4년 동안 아침에는 우유를 짜고 밤에는 학교를 다녔다"는 그의 회고를 통해 당시 경제적으로 여유가 없었던 것을 볼 수 있습니다. 비록 희망했던 대학에서 공부할 수는 없었지만 수학과 통계 등 기초 학문을 열심히 공부합니다. 1940년 대학을 졸업하고 뷰캐넌은 테네시 대학University of Tennessee 경제학과에 진학합니다.

이와 관련해서 흥미로운 에피소드를 소개하겠습니다.

뷰캐넌은 여러 글과 인터뷰에서 '우연한 사건^{chance occurrence}'에 대해 자주 언급하는데요. 자신의 삶에 적지 않은 중요한 일들이 우연한 계기에서 시작되었다고 회고합니다.[2] 특히, 그가 경제학자가 된 것은 자신의 희망이나 계획과 상관없는 일이었다고 말합니다. 그는 학부시절 수학, 영문학, 사회과학 세 분야를 전공했는데 다니던 대학에는 경제학이라는 전공이 별도로 없었습니다. 대학 졸업 후 대학원에서 공부를 계속하고 싶었지만 경제적 어려움이 있던 그는 공부를 더 하기 위해서는 재정지원이 절대적으로 필요했습니다. 그런데 당시 장학금^{fellowship}이 있던 학과는 사회과학 분야에서는 경제학과가 유일했습니다. 그는 결국 월 50달러 장학금의 '유혹' 때문에 경제학과로 진학합니다. 한마디로 공부를 더 하기 위해서 순전히 금전적인 문제 때문에 경제학을 전공으로 선택한 셈입니다.

뷰캐넌 교수는 당시 만일 수학과나 영문학과에 장학금

이 있었다면 경제학을 전공하지 않았을 거라고 말합니다. 또 졸업 즈음에는 이론물리학에 흥미를 가지게 되었는데 조금 더 일찍 알았더라면 물리학을 전공했을 거라고도 얘기합니다. 보통 사람들처럼 젊은 시절 그도 다양한 분야에 관심이 많았던 것으로 보입니다. 문득 만약 뷰캐넌이 장학금(즉, 돈) 때문에 경제학전공을 선택하지 않았다면 지금의 공공선택학이 탄생하지 않았거나 적어도 많이 늦춰졌을 것이라는 생각이 듭니다.

그는 테네시 대학에서 석사학위를 받고 2차 세계대전이 발발하여 1941년 해군에 입대하고 4년 동안 장교로 복무합니다. 비록 징병제를 통해 의무적으로 시작한 군 생활이었지만 이 기간은 그의 인생에 의미 있는 영향을 미치게 됩니다. 그것은 바로 차별^{discrimination}과 공정^{fairness}에 대한 그의 관념이라고 요약할 수 있습니다.

다소의 차이가 있지만 선진국, 후진국 상관없이 세계 어느 나라든 학벌, 출신지역 등에 대한 차별은 있게 마련입니다. 지금과 비교하면 1940년대 미국에서도 인종, 성별, 연령, 종교 등에 대한 차별이 심하게 있었습니다. 당시 군대도 예외가 아니었는지 장교들의 보직, 배속, 승진 등의 인사관리에 있어서 소위 동부의 아이비리그$^{Ivy\ League}$ 대학 출신들에 대한 특혜가 있던 것 같습니다. 남부의 가난하고 지역 주립대학 출신인 뷰캐넌 교수는 이 때문에 상당한 차별과 부당한 대우를 받으면서 마음의 상처를 받습니다. 그리고 이후 그의 지적 관심을 비롯한 삶의 전반에 '공정'은 중요한 키워드가 됩니다.

그럼에도 불구하고 뷰캐넌은 타의 추종을 불허하는 성실함과 유능함을 발휘하면서 상관들에게 역량을 인정받게 되고 직업군인으로서의 커리어를 권유받습니다. 이로 인해 그는 군에 남을 것인가 대학으로 돌아가 박사 공부를 더 할 것인가로 고민한 후 보잘 것 없는 배경으로 직업군인의 길을 밟는 것이 장래성이 없다고 판단하고 공부를 계속하기로 결심합니다.

뷰캐넌 교수는 자신의 생애를 돌아보고 공부를 하게 된 사연을 이야기하면서 '밭에서 쟁기질 하는 것보다 나은 게 무엇이 있을까'라고 고민한 끝에 공부를 직업으로 삼기로 했다고 털어 놓았습니다. [3]

2. 시카고 대학 시절

　해군장교로 군 복무를 마친 후 뷰캐넌은 1946년 겨울학기에 일리노이^{Illinois} 주 시카고 대학$^{University\ of\ Chicago}$ 경제학과에 진학합니다. 그가 경제학을 공부하고자 시카고 대학을 선택한 계기는 대학시절 이 대학에서 박사학위를 받고 부임한 젊은 정치학과 교수인 심즈$^{C.\ C.\ Sims}$의 영향이었습니다. 심즈는 지적 호기심과 새로운 아이디어를 존중하며 도전적인 마인드를 장려하는 시카고 대학의 분위기를 뷰캐넌에게 소개했으며 이에 그는 깊은 인상을 받습니다.

당시 이 대학은 경제학을 비롯한 사회과학과 철학 등 다양한 분야에서 지적인 교류가 활발하고 창조적인 사고와 견해를 기꺼이 모색하고 치열하게 토론하는 독특한 학풍의 대학이었다고 합니다. 뷰캐넌은 경제학을 공부하기 위한 시카고 대학의 진학을 자신의 인생에서 가장 훌륭한 결정 중에 하나였다고 회고합니다.

재정학자로 출발

뷰캐넌은 시카고 대학에서 경제학 가운데 재정학 분야를 전공으로 연구합니다. 재정학public finance은 이름에서도 알 수 있듯이 정부의 조세와 지출 등 국가재정에 대해 연구하는 학문입니다. 즉, 정부가 조세제도를 통해서 시민들로부터 어떻게 재정수입을 충당하고, 이를 국가의 어느 분야에 어떤 방식으로 지출하는가를 공부하는 학문이라고 할 수 있습니다.

흥미로운 점은 당시 재정학을 전공하는 연구자의 대다수가 조세이론과 제도taxation의 측면에 관심을 두었던 것과는 달리, 뷰캐넌은 정부의 지출public expenditure부문에 더 많은 관심을 가졌다는 것입니다. 그가 조세보다 정부지출에 관심을 가졌던 중요한 이유가 있습니다. 일반적으로 조세 부문은 일정한 형식과 방식에 따라 과정과 절차가 비교적 규칙적이고 공식적으로 이루어집니다. 반면 지출부문은 누가, 어느 부문의, 무엇에 사용하기 위해 정하느냐에 따라 다양한 결과가 나타나는 정치적 의사결정이 지배한다고 보았기 때문입니다.

그는 개인이나 가계와 마찬가지로 정부 역시 재정을 효율적으로 관리하기 위해서는 수입 측면뿐만 아니라 지출과정도 효율적이어야 한다고 생각했습니다. 2부에서 더 자세히 설명하겠지만 뷰캐넌의 이러한 생각이 공공선택학을 설계하는 데 결정적인 배경이 됩니다. 재정학자로서 뷰캐넌 교수는 방법론적으로는 전통적인 경제학의 원리를 따르고 있었지만, 그가 관심을 가진 연구주제는 정치적 의사결정, 즉 정부의 집단적 의사결정인 공공선택public choice에 있었습니다.

한편, 당시 주류경제학과 후생경제학은 '희소성scarcity'이라는 개념을 중심으로 자원의 효율적 배분에 무게를 두었습니다. 사람들이 종종 경제학을 희소성과 선택의 학문이라고 부르는 이유가 여기 있습니다. 그들은 시장이 한 사회가 보유하고 있는 자원을 효율적으로 배분하지 못하는 경우를 시장실패market failure로 규정하고, 이 문제를 해결하기 위해서는 정부의 적극적인 개입이 필요하다는 정부개입의 정당성과 합리화를 위한 이론적 근거를 제공합니다. 이러한 입장은 지금까지도 여전히 경제학의 기본 논리로 이어집니다.

뷰캐넌 교수는 후생경제학자들이 시장실패를 치유하려는 정부개입의 문제점과 정책결정과정의 중요성을 간과하는 실수를 저지르고 말았다고 지적합니다. 그들은 현실세계에서 정부의 모든 의사결정과 활동은 정치적이고 집단적 과정이며, 이 과정에 참여하는 구성원들의 다양한 이해관계가 반영되어 이루어진다는 사실을 소홀히 여겼습니다.

"정부정책은 본질적으로 정치적 과정의 산물이다."

이 말은 사람들이 흔히 생각하는 소위 '공익public interest'이라는 것도 정치과정에 참여하는 집단들에 의해 규정된다는 뜻을 내포합니다. 또한 정치적 이해관계를 위해서는 어떤 경제적 합리성도 무시될 수 있다는 뜻이 들어있습니다. 뷰캐넌 교수는 시장이 정상적으로 작동하도록 문제를 해결하기 위한 정부의 개입이 이러한 정치적인 측면을 무시하고 지나치게 경제적 효율성을 달성하는데 치중한 결과, 사회적 후생에 오히려 치명적인 '정부실패government failure'를 초래했다고 지적합니다.

그는 시장실패를 교정하려는 정부개입과 공공정책의 본

질을 이해하고 정책의 효과를 제대로 파악하기 위해서는 정책이 만들어지고 집행되는 과정에서 정치인, 관료, 유권자, 이익집단 등 다양한 이해관계자들에 대한 올바른 이해가 선행되어야 한다고 보았습니다. 이런 의미에서 공공선택학은 정부의 활동과 정치적 행위가 정책과정에서 어떤 영향을 미치는가를 현실적으로 이해하려는 정치경제학적 입장을 취한다고 볼 수 있습니다.

고전자유주의의 전통을 따르는 뷰캐넌 교수는 학문적으로 가장 큰 영향을 준 것은 고전정치경제학이라고 밝힙니다. 그는 재정학은 국가를 다스리는 데 필요한 경제활동을 다루기 때문에 불가피하게 어떤 형태의 정치철학에 의존할 수밖에 없다고 인식하였습니다. 정치적 실체^{political entity}를 배제한 재정이론은 없으며 재정학의 모든 연구는 정치철학의 기초를 반영해야 한다고 생각했습니다.

두 멘토와 만남

뷰캐넌 교수는 자신의 학문과 지적 성장에 가장 큰 영향을 준 인물로 시카고 대학의 스승인 프랭크 나이트Frank Knight와 스웨덴의 경제학자 크누트 빅셀Knut Wicksell을 꼽습니다. 이제 뷰캐넌 교수와 두 멘토와의 운명적인 만남을 차례로 보겠습니다.

뷰캐넌 교수는 시카고 대학에서 경제학을 공부하기 전까지 자신은 사회주의자에 가깝고 포퓰리즘을 신봉했던 사람이었다고 고백합니다.[4] 그리고 그 이유는 시장경제에 대한 올바른 지식이 전혀 없었기 때문이었다고 숨김없이 말합니다. 그 시기에는 시장이 도대체 무엇인지, 어떻게 작동하는지를 전혀 이해하지 못했기 때문에 자신을 '자유주의적 사회주의자libertarian socialist'의 부류라고 생각했습니다.

여기서 자유주의와 사회주의라는 용어가 함께 있어 모순되는 것처럼 보이지만, 당시 뷰캐넌은 개인의 자유를 무엇보다 중요하게 생각하면서도 시장이 어떻게 작동하는지, 즉 시장조정market coordination의 법칙을 제대로 이해하지 못했습니다. 그리고 정치적 대안들에 대한 생각에 지독할 정도로 순진한 경향이 있어서 누군가 제3자가 국민 모두를 위해서 가장 합리적인 경제적 의사결정을 내려야 한다는 사회주의적 사고를 하고 있었습니다.

지금 우리사회를 보아도 개인의 자유가 중요하다고 인정하는 사람들 중에 상당수가 특별한 상황에서 필요하다면 정부가 언제든지 개인의 생명, 신체, 재산에 제재를 가할 수 있다고 동의하는 경우가 많지 않습니까? 코로나-19 사태 이후 K-방역이라는 이름으로 필요이상의 개인정보를 처리하고 감염자의 개인정보를 서슴없이 공개하는 등 시민들의 사생활을 침해하고 인권 침해 수준으로 통제합니다. 또한 사회적 거리두기라는 명목으로 소상공인과 자영업자의 영업권과 재산권을 함부로 제한하는 정부의 방역 조치가 대표적인 사례입니다.

젊은 시절 뷰캐넌은 제3자가 정부기관일 수도 있고 혹은 내노라하는 경제전문가들이 모여 있는 월스트리트^{Wall Street}의 기관 같은 곳도 될 수 있다고 생각했습니다. 나아가 시장에서 효율적으로 자원배분이 일어나기 위해서는 오히려 정부나 정치집단이 결정하는 것이 더 효과적일 수 있다고 보았습니다. 20세기 초 대공황^{Great Depression}을 비롯하여 당시의 시대적 분위기를 반영하듯 뷰캐넌에게 시장은 불완전한 제도이기 때문에 정부가 개입하여 계획하고 통제하는 것은 불가피하다고 생각했습니다. 게다가 군대에서 겪은 동부 명문대학 출신들과의 차별의 경험은 그로 하여금 자유보다 평등을 우선시하는 공산주의적 사고를 매력적으로 받아들이게 했습니다. 비록 테네시 대학에서 경제학을 전공했지만 뷰캐넌은 그 시절 자유시장과 가격메커니즘의 가치에 대해 제대로 알지 못했다고 솔직하게 털어 놓았습니다.

시카고 대학에 진학하여 경제학을 본격적으로 공부하면서 시장과 경제의 원리를 이해하면서 그는 자유주의적 사회주의자에서 벗어나 이제는 적극적인 '시장옹호자market advocate'로 전향합니다. 물론 그가 처음부터 가졌던 자유주의적인 입장에는 변함없이.

뷰캐넌의 경제학적 사고방식과 태도를 완전히 뒤집은 결정적인 계기는 바로 프랭크 나이트 교수와의 만남이었습니다. 첫 학기 동안의 짧은 배움이었지만 나이트 교수의 가격이론Price Theory 수업으로 그는 막연한 사회주의 동조자에서 열성적인 시장주의자로 전향하게 됩니다. 뷰캐넌에게는 그야말로 믿던 종교를 바꾸는 '개종conversion'에 가까운 경험이었던 것입니다.

프랭크 나이트(1885~1972)는 제이콥 바이너Jacob Viner, 헨리 사이먼스Henry Simons와 함께 자유주의 시장경제를 옹호하는 '시카고학파'의 기반을 닦은 경제학자입니다. 그는 극단적인 자유방임에 대해서는 다소 회의적인 입장을 취했으며, 또 다른 노벨경제학 수상자인 밀튼 프리드먼Milton Friedman과 조지 스티글러George Stigler의 사상에 큰 영향을 주었습니다.

학위 논문을 바탕으로 발전시킨 나이트의 '위험, 불확실성 그리고 이윤$^{\text{Risk, Uncertainty, and Profit(1921)}}$'은 시장에서 기업가의 역할과 중요성을 강조하고 경제적 위험과 불확실성에 대한 개념을 발전시킨 가격이론의 기념비적인 연구로 인정받고 있습니다. 이 책의 주제는 기본적으로 이윤의 원천과 시장/사회의 관계를 규명하는 것입니다. 그는 완전경쟁으로 수요와 공급이 균형을 이룬다는 마샬류의 정태분석$^{\text{static analysis}}$은 시간적 변화를 고려하지 않기 때문에 동태적 분석을 통해 이윤이 발생하는 근거를 찾아야 한다고 생각했습니다. 특히 언뜻 모호한 용어인 불확실성^{uncertainty}과 위험^{risk}을 개념적으로 구별하고 응용한 학자로 이들에 대한 분석은 경제학뿐만 아니라 사회과학 전반에 큰 영향을 주었습니다.

나이트에 따르면, 위험 상황 혹은 문제란 우리가 어떤 결과가 나타날지 정확하게 예측할 수는 없지만 처음부터 알려진 확률분포에 의해 어느 정도 측정이 가능한 상황입니다. 한마디로 '측정가능한 불확실성'이라고 볼 수 있습니다. 반면, 불확실성은 어떤 일이 발생할지 그 가능성(확률)을 아예 알 수 없는 상태로 우리가 계량적으로 측정하고 예측할 수 없습니다. 그는 불확실성은 시장구조가 완전경쟁시장 상태에서도 경제적 이익, 즉 이윤을 발생시키는 원천이라고 보았습니다.

  요약하면, 첫째, 미래의 변화를 예측할 수 있는지 없는지를 구별해야한다. 둘째, 미래의 변화를 확률로 예측할 수 있는 상황을 '위험'이라고 하고 객관적인 확률이 없고 계량화 할 수 없는 추정의 상황을 '불확실성'이라고 한다. 이 때 후자의 경우 주관적 확률에 의지할 수밖에 없다. 셋째, 기업가가 불확실성에 대처하기 위해 주관적으로 판단하여 이익이 비용을 초과하는 것이 바로 이윤이라는 것입니다. 나이트는 위험과 구별되는 불확실성이 현실 경제에 항상 존재하기 때문에 이에 대한 대응이 요구되고 이것이 바로 자유경제의 핵심이라고 주장하였습니다. 그리고 이 같은 불확실성에 대처하기 위한 특수한 형태의 기업으로서 주식회사가 생졌다고 주장합니다.

두 개념을 아주 간단한 사례를 통해 설명하겠습니다.

우선, 주사위를 하나 던졌을 때 3이 나올 확률은 얼마일까요? 네. 주사위가 1부터 6까지 여섯 개의 숫자가 고르게 분포되어 있기 때문에 기대할 수 있는 확률은 1/6입니다. 이때 1/6은 객관적인 확률에 해당합니다. 물론 실제로 6번을 던져서 3이 한 번도 안 나올 수 있지만 적어도 수학적으로는 1/6을 예상할 수 있습니다.

하지만 여러분은 4차 산업혁명은 언제쯤 완성될 것으로 예상하십니까? 혹은 코로나-19는 완전히 종식될 수 있을까요? 주사위를 던졌을 때 나올 숫자를 예상할 때와 지금 이 질문들은 사뭇 다르다는 걸 아실 것입니다. 이 경우는 수학적, 객관적으로 예상하기가 어렵고 주관적인 추정이 지배합니다. 저는 사회과학의 많은 개념들이 그렇듯이 위험과 불확실성 역시 서로 확실하게 구분되는 것이 아니라 상대적인 정도의 차이라고 생각합니다. 나이트 자신은 신고전파 주류

경제학자였지만 늘 기존의 경제학에 대한 비판적 자세를 잃지 않았고, 이를 사회과학을 공부하는 사람들이 가져야 할 중요한 덕목이라고 믿었습니다.

한 가지 흥미로운 사실은 나이트도 뷰캐넌 교수와 같이 시골 출신으로 가난한 농촌에서 자랐습니다. 어려서 고향인 일리노이를 떠나 테네시에서 교육받고 테네시 대학에서 대학원을 다녔습니다. 뷰캐넌 교수는 둘의 이러한 공통점이 그들을 스승과 제자에서 그리고 평생 학문적 동료로 함께할 수 있게 한 이유였다고 밝히고 있습니다. 역시 동서고금을 막론하고 비슷한 배경과 공유된 경험은 사람들의 관계를 단단하게 묶는 끈으로 작용하는 것 같습니다.

뷰캐넌 교수는 스승인 프랭크 나이트로부터 크게 두 가지 중요한 교훈을 배웁니다.

첫째는 그의 학문 세계 전체에 영향을 미치는 것으로 경제와 시장의 작동원리에 대한 이해입니다. 특히 자발적인 교환과 가격메커니즘에 따른 시장경제가 어떻게 사회적 질서를 형성하는지에 대한 나이트의 가르침은 그를 시장주의자로 전환시키는 결정적인 계기가 됩니다.

둘째는 지식이 진보하는 방식, 나아가 인류의 더 나은 삶을 위한 진화를 위해서는 모든 대상이 비판적 탐구에서 예외가 없어야 한다는 신념입니다. 앞서 얘기한 것처럼 나이트 자신은 주류경제학자였음에도 불구하고 전통적인 경제이론들에 대한 비판적 자세를 잃지 않고 견지하였습니다.

나이트의 교훈은 공부하는 사람에게는 매우 중요하면서도 동시에 어려운 태도입니다. 인간은 누구나 자신의 사고 형성에 결정적인 영향을 준 철학, 사상, 그리고 신념에서 크게 벗어나기 어렵습니다. 오히려 대부분 기존의 사고를 더 강화하려하고, 좁게 해석하여 나와 다른 생각들에 대해 이해하려들지 않고 방어적인 태도를 취하기 쉽습니다. 요즘 우리사회에서는 심한 경우 자신과 다른 생각을 무차별 공격하기도 합니다. 학자의 자세에 대한 나이트 교수의 가르침은 뷰캐넌의 학문적, 지적 태도에 막대한 영향을 미칩니다. 그는 평생 어떤 하나의 독단적인dogmatic 입장을 거부하고 자신의 이론과 사고에 부족한 점을 인정하며 겸손하게 보완하려 했습니다.

대학원에서 뷰캐넌은 나이트 교수의 수업을 통해 데이비드 흄David Hume과 아담 스미스Adam Smith 등 고전정치경제학자들을 만납니다. 하지만 이때까지는 이들의 철학과 사상으로부터 직접적으로 영향을 받지는 않습니다. 다만 나이트는 수업의 상당 부분을 시장의 원리와 교환의 본질을 비롯한 스미스의 이론에 할애하여 뷰캐넌의 학문적 방향에 중요한 영향을 미칩니다. 시카고 대학에서 둘의 인연이 시작된 후 나이트는 뷰캐넌 교수의 지적 호기심을 채워주었을 뿐만 아니라 삶의 곳곳에서 그에게 가장 큰 영향을 미칩니다. 프랭크 나이트는 시카고 대학에서 만난 뷰캐넌의 평생의 은사였습니다.

한편 뷰캐넌은 비록 직접적인 사제관계를 통해 소통이 있던 것은 아니었지만 자신의 학문에 가장 큰 영향을 또 하나의 인물로 주저 없이 스웨덴의 경제학자 크누트 빅셀을 꼽습니다.

뷰캐넌과 빅셀의 만남 역시 하나의 '우연한 사건'이었습니다. 박사학위 논문을 제출한 1948년 여름 어느 날 뷰캐넌은 우연히 대학 도서관에서 빅셀이 1896년에 쓴 학위 논문을 발견합니다. 당시만 해도 미국 학계에서 빅셀의 이론과 연구물은 거의 알려지지 않았기 때문에 학계에서 그의 존재감은 거의 없었습니다. 당시에는 빅셀의 연구가 널리 알려져 영어로 번역되기 전으로 그의 논문은 스웨덴어와 독일어로만 되어 있었는데, 뷰캐넌이 대학원에서 독일어를 공부한 덕에 그 논문을 읽을 수 있었다고 합니다. 예나 지금이나 외국어 공부는 중요하다는 교훈을 또 다시 느끼게 합니다.

뷰캐넌 교수에 따르면, 자신의 의식 속에는 있었지만 아직 정리되지 않은 상태로 진행되어 오던 여러 가지 생각들을 빅셀의 논문에서 체계적으로 논하고 있었다고 합니다. 결국 빅셀의 논문은 뷰캐넌이 가지고 있던 흩어진 아이디

어들을 구체화하고 발전시키는데 결정적인 기여를 한 셈입니다.

크누트 빅셀

크누트 빅셀(1851~1926)은 이자, 화폐, 자본 이론에 의미있는 기여를 한 룬트대학Lund University 경제학과 교수였습니다. 그의 연구는 당시 영미권에 널리 알려져 있지 않아서 대부분 그의 사후에 영어로 출간되었습니다. 빅셀의 연구는 그때까지 이어져 내려오던 재정학을 비판적으로 접근했습니다. 특히 그는 정부지출의 제안에 대해 사회 전체에 대한 기대편익이 기대비용보다 큰지를 판단하는 보편적 평가로 수용되는 방식에 대해 크게 두 가지 문제를 제기합니다.

첫째, 사회적 편익과 비용의 평가는 근본적으로 이를 어떻게 식별하고 계량화하는가에 대한 인식론적epistemological 질문에서 출발합니다. 빅셀은 방법론적 개인주의에 기초하고 있기 때문에 공공지출에 대한 사회적 편익과 비용은 결국 개인들의 편익과 비용을 모두 합한 것이며 사전에 이들의 비용과 편익을 일일이 계산한다는 것은 어렵다는 점을 지적합니다.

나아가 그 누구라도 제3자로서 구성원을 대신해서 정부가 특정 분야에 얼마나 지출해야 할지에 대해 개인 하나하나의 비용과 편익을 평가하는 것은 불가능하다고 주장합니다. 때문에 정부, 즉 법과 제도를 만드는 정치인이나 관료가 시민들이 원하는 수요를 정확하게 파악하고 정부지출을 정확하게 산정할 수 있다는 생각은 마치 '신god'과 같이 전지전능한 의사결정자가 존재한다고 생각하는 오만함에 불과하다는 것입니다.

전통적인 재정학이 갖는 오류에 대한 빅셀의 두 번째 문제의식은 사회에 기여하는 유용성과 가치보다 비용이 적도록 입법기관이 모든 서비스에 대한 지출을 승인해야 한다는 원칙에 대한 것입니다. 그는 이 원칙은 사회 내의 서로 다른 개인이나 집단 간의 비용과 편익에 대한 분배를 고려하지 않은 것으로, 결과적으로 소수로부터 다수로 혹은 소규모 집단에서 대규모 집단으로 부와 소득이 재분배 되는 효과를 소홀히 하였다는 것입니다.

빅셀에게 이 같은 상황은 기본적인 정의와 공정$^{justice\ and\ fairness}$의 원칙에 반하는 것입니다. 그는 기존 재정학의 문제점을 지적하면서 정부재정의 효율성은 조세수입과 정부지출에 대한 '만장일치의 원칙$^{unanimity\ principle}$'에 따라 평가되어야 한다고 주장합니다. 왜냐하면 그것이 조세를 부과하는 정부권력이 합법적인 착취수단이 되지 않도록 보장하는 방법이기 때문입니다. 나아가 진정한 경제개혁이 이루어지려면 관련된 규칙(법과 제도)의 변경을 통해 가능하며 이는 사회적, 정치적 '합의'에 기초해야 한다고 제안합니다.

물론 빅셀 역시 만장일치의 절대적인 규칙이 현실적이지 않을 수 있다는 점을 인정합니다. 그래서 사안에 따라 서로 다른 규모의 정부지출에 대해 승인하는 다수결 제도로 다양한 방식의 사용을 제안하고, 이를 통해 '공정한 조세just taxation'에 가까이 갈 수 있다고 주장합니다. 뷰캐넌은 이를 발전시켜 '최적다수결제도'를 제시합니다.[5]

빅셀의 이론은 이후 뷰캐넌 교수의 공공선택학과 헌법정치경제학에 매우 중요한 영향을 미치게 됩니다. 공공선택학의 세 가지 기본가정인 방법론적 개인주의와 정치적 주체와 경제적 주체의 동기대칭성motivational symmetry 즉, 사람들은 경제적, 정치적 의사결정에서 모두 합리성에 기초한다는 점, 그리고 교환으로서의 정치는 빅셀에게 영향을 받은 것입니다. 이 때문에 뷰캐넌은 빅셀을 공공선택학의 탄생에 결정적인 영향을 미친 학자로 여깁니다.

이렇듯 빅셀의 경제이론과 학문세계를 우연히 만나게 된 것은 뷰캐넌 교수에게 중요한 사건이었습니다. 그는 경제학 방법론을 시장에만 제한하지 않고 정치영역에까지 확대하여 정치적 결정에 적용하였습니다. 이 영향으로 뷰캐넌의 초기 연구는 정치학 모형과 정부정책에 적용되는 경제학적 접근방식을 보여주는 내용으로 자리잡습니다.

3. 공공선택학을 설계한 개척자

　뷰캐넌 교수는 1948년 로이 블라우^{Roy Blough}를 지도교수로, 하비 퍼로프^{Havey Perloff} 그리고 나이트 교수의 지도하에 '연방국가에서 재정형평성^{Fiscal Equity in a Federal State}'이라는 논문으로 박사학위를 받습니다. 물론 그의 논문에 누구보다도 나이트 교수의 영향이 컸습니다. 그는 학위를 받고 고향인 테네시 주로 돌아와 교수의 길을 걷기 시작합니다.

　1949년 그는 학자로서 첫 번째 연구논문인 "정부재정의 순수이론: 하나의 대안적 접근^{The Pure Theory of Government Fi-}

nance: A Suggested Approach"을 발표합니다. 이 논문은 이후 그의 생애에 걸쳐 탐구한 연구주제인 정치경제학 분야에서 공공선택학과 헌법정치경제학, 그리고 버지니아 정치경제학으로 성장하는 겨자씨와 같은 연구로 인정받습니다.

소위 학계용어로 '새내기 박사' 시기에 그는 또 다른 중요한 두 개의 논문을 발표합니다. 하나는 당시 학계에 엄청난 반향을 불러온 케네스 애로우Kenneth Arrow의 '사회적 선택과 개인의 가치Social Choice and Individual Values (1951)'에 대한 비판적 고찰이고, 다른 하나는 투표와 시장에서 개인의 선택을 비교하여 사람들의 선택에서 제도적 맥락의 중요성을 체계적으로 분석한 논문입니다.

전자는 일관된 집단적 선호가 확립될 수 있는 메커니즘을 발견하려는 애로우의 시도가 개인의 선호에 대한 본질을 근본적으로 부정했다는 점을 지적한 것입니다. 후자는 동일한 선호체계를 갖는 개인의 의사결정이라도 선거에서 투표와 시장에서 선택이 다른 이유를 탐구한 것입니다. 이후 테네시 대학에서 정교수까지 되지만 그 곳에서의 연구생활에 만족하지 못하고 1951년 플로리다 주립대학교^{Florida State University}로 옮깁니다.

한편, 1955년부터 1956년까지 뷰캐넌 교수는 풀브라이트 학자로서 이탈리아로 연구하러 갈 기회를 갖습니다. 일년간의 짧은 기간이었지만 이탈리아에서 머무는 동안 그는 열정적으로 공부하여 학문적으로 매우 중요한 사고전환의 계기를 마련합니다. 뷰캐넌 교수는 국가 및 정치모형에 많은 관심을 기울이고 있던 이탈리아 경제학으로부터 큰 영향을 받습니다.

그때까지 대다수의 미국인들뿐만 아니라 심지어 경제학자들조차 정치에 대해 낭만적인 시각을 가지고 있었습니다. 반면 이탈리아 경제학은 정치와 정부에 대해 회의적인 시각을 가지고 있었습니다. 이탈리아에서의 학문적 경험을 통해 뷰캐넌 교수는 공공의 영역에 대한 관점을 크게 바꾸는 계기가 되고 정치에 대한 보다 현실적이고 비판적인 시각을 갖게 됩니다.

무엇보다도 그는 '방법론적 개인주의'의 중요성을 강조하고 보편적 적용을 택하고 있던 초기 이탈리아 경제학의 전통을 만납니다. 방법론적 개인주의는 이 책에서 가장 많이 등장하는 용어 가운데 하나로, 뷰캐넌의 학문과 이론에서 가장 중요한 개념입니다. 방법론적 개인주의는 기본적으로 정부 혹은 공직자는 항상 선하고 자애롭다는 가정을 거부하고 정치적 의사결정의 본질이라고 할 수 있는 집단적 선택의 '현실'을 규명하는 가장 근본적인 방법론입니다. 그는 이 같은 접근을 통해 당시 영미의 정통 경제학자들의 이론의 많은 오류와 문제점들을 피할 수 있다고 확신합니다. 특히, 정부부채public debt를 사례로 들며, 부와 소득 이전의 경제적 효과는 결국 사회적 수준에서의 손익(예컨대, 사회적 비용과 편익) 계산을 통해서가 아니라 개인이 경험한 이익과 손실의 측면에서 평가되어야 한다고 주장합니다.

이탈리아에서 돌아온 뷰캐넌 교수는 본격적인 공공선택

학 연구를 위해 버지니아 대학University of Virginia으로 자리를 옮기고, 그곳에서 1958년 박사 후 연구원으로 참여한 고든 털럭Gordon Tullock과 운명적으로 만납니다.

고든 털럭
출처 : Mercatus Center at George Mason University

정부에 직접 몸담은 경험이 있는 털럭은 정치와 정부에 대해 뷰캐넌 교수보다 훨씬 더 현실적인 시각을 가지고 있었습니다. 그는 미 국부부Department of State에서 10년 정도 공무원으로 재직하면서 관료제에 대한 논문manuscript을 썼는

데, 뷰캐넌은 이 논문을 현대 관료제에 대한 가장 놀라운 연구로 극찬하였습니다. 이 때 털럭은 주로 덩컨 블랙$^{Duncan\ Black}$과 앤터니 다운스$^{Anthony\ Downs}$ 등에 영향을 받으면서 다수결 원리의 문제점에 대해 구체적으로 연구하기 시작했습니다.

이후 뷰캐넌과 털럭은 함께 연구하기 시작하여 1962년 공공선택학의 이론적 기반을 확립했다고 인정받는 고전인 '합의의 분석$^{The\ Calculus\ of\ Consent:\ Logical\ Foundations\ of\ Constitutional\ Democracy}$'을 출간합니다. 그들은 방법론적으로는 경제학적 분석도구를 취하면서 미국 헌법의 아버지로 불리는 제임스 매디슨$^{James\ Madison}$이 그리던 방식으로 미국의 정치구조에 관심을 가집니다.

이 책은 당시 많은 정치학자들이 제시한 이상적인 의회 모형으로서 다수결 민주주의가 아니라 일종의 헌법구조$^{constitutional\ structure}$에 관한 것으로 경제학적인 관점에서 헌법에 대해 분석한 것입니다. 물론 그 때에도 이미 다수결제도와 같이 투표규칙을 분석하는 학자들이 있었지만, 그들은 헌법구조에 초점을 두고 투표규칙의 대안들의 선택에 대한 논의에 집중합니다.

한마디로 이전까지 누구도 입장을 취하지 않았던 경제학의 개념을 응용하여 매디슨이 주창했던 정치적 틀, 즉 헌법구조에 대해 말하고자 하였습니다. '합의의 분석'은 고전정치경제학으로부터 주류경제학에 이르는 경제학의 기본가정인 방법론적 개인주의와 인간의 이기적 동기와 합리적 선택을 가정으로 정치과정과 제도의 분석에 적용합니다. 그리고 이를 바탕으로 집단적 선택에 대한 투표규칙, 다원/양원제, 투표거래 등 여러 가지 정치적 합의방식 political arrangement의 영향을 분석합니다. 나아가 뷰캐넌 교수는 제임스 매디슨을 비롯한 미국의 헌법제정자들이 정부의 권한을 분명히 제한하고 견제와 균형을 기초로 제시한 미국적 민주주의 정부시스템의 이상을 옹호합니다.

하지만 이러한 학문적 성과에도 불구하고 뷰캐넌 교수가

몸담고 있는 연구소 토마스 제퍼슨 센터Thomas Jefferson Center에 대한 대학 당국의 부당한 행정으로 그와 동료들은 학교를 떠나, UCLA를 거쳐 털럭과 함께 버지니아 공대Virginia Polytechnic Institute and State University로 옮겨 공공선택연구소를 설립합니다. 그리고 이때부터는 본격적으로 공공선택학의 주된 관심인 정치적 의사결정과 헌법정치경제학에 초점을 맞추고 연구를 진행합니다.

1963년 뷰캐넌 교수는 털럭과 함께 비시장의사결정위원회Committee on Non-Market Decision Making를 설립하는데, 이것은 이후 1968년 공식적인 공공선택학회Public Choice Society의 출발이 됩니다. 당시 위원회는 정치학, 경제학, 철학 등의 다양한 분야의 학자들로 구성되어 시장 과정과 제도 밖의 경제적 조직에 대한 질문들에 관심을 갖습니다.

여기서 잠깐 뷰캐넌 교수에 대한 인상적인 이야기 하나를 소개하겠습니다. 그때나 지금이나 교수라는 직업은 다른 직업들에 비해 상대적으로 시간이 자유롭고 공간적인 제약이 적다는 특징이 있습니다. 물론 동시에 결과에 대한 모든 책임을 오롯이 혼자만이 지게 되지요. 시간적으로는 수업시간을 엄수해야 하는 반면 나머지 시간은 얼마든지 자유롭게 할애할 수 있고, 공간적으로도 학교 연구실, 개인서재를 비롯하여 어디에서든 공부할 수 있습니다.

그런데 대부분의 교수들과 달리 (특히, 수업부담이 거의 없었던) 뷰캐넌 교수는 월요일부터 토요일까지 매일 아침 6시부터 저녁 6시까지 그리고 일요일은 예배 시간을 제외하고는 대학 연구실에 나와 꾸준히 연구에 몰입했다고 전해집니다. '쾨니히스베르크Königsberg'의 시계라는 별명으로 규칙적인 삶의 전형을 보여 준 이마누엘 칸트Immanuel Kant를 연상하게 합니다.[6] 시공간은 다르지만 규칙과 질서를 중요시하는 두 학자의 묘한 공통점이라는 생각이 듭니다.

새로운 터전에서 뷰캐넌 교수는 무정부주의의 문제점과 사회 및 정치 질서가 갖는 본연적으로 취약한 속성에 많은 관심을 기울입니다. 그리고 1975년 그의 연구 가운데 중요한 위치를 차지하는 '자유의 제한: 무정부상태와 리바이어던의 사이The Limits of Liberty: Between Anarchy and Leviathan'를 저술합니다. 이 책은 경제학을 넘어 사회 및 정치철학을 넘나들면서 사회질서의 기초를 탐구한 뛰어난 연구입니다. 정부라는 조직은 무정부상태에서 벗어나 개인들의 보편적 합의를 통해 출현하고, 이후 통제시스템을 통해 사회질서와 평화를 어떻게 유지할 수 있는지 등에 대해 설명합니다.

예를 들어 무정부상태란 본질적으로 불안정하기 때문에 합리적이고 이기적인 개인들은 사회계약social contract을 통해 무질서와 폭력의 위협으로부터 상호 보호와 이익을 위해 정부라는 조직을 만들기로 합의한다는 것입니다. 이후 1982년 뷰캐넌은 버지니아 공공선택학파의 정신은 그대로 유지하면서 공공선택연구소를 조지메이슨 대학George Mason University으로 옮깁니다.

버지니아 공공선택학파에 대해 뷰캐넌 교수는 집단조직의 장점을 살리면서 자연 상태와 국가로부터 공격받고 착취당할 수 있는 개인의 자유를 보호하는 헌법적 해결constitutional settlement을 열망한 미국 건국아버지들의 정신을 이어받았다고 이야기 합니다.

1986년 뷰캐넌 교수는 그동안의 연구 업적과 공로를 인정받아 노벨 경제학상을 수상합니다. 물론 노벨상 자체가 영광스러운 수상이기도 하지만, 그때까지 대부분 유수의 명문대학에서 수상했던 기존의 전통과는 달리 상대적으로 존재감이 높지 않은 대학의 잘 알려져 있지 않은 뷰캐넌 교수를 더 이상 비주류에 머물지 않게 한 일이었다는 점에서 의미가 있다고 생각합니다. 뷰캐넌 교수의 삶이 더욱 우리에게 감동적인 것은 노벨상 수상 이후 전 세계에서 그의 학문과 사고를 듣고 싶어 하는 이들을 위해 밀려드는 강연을 마다하지 않았으며 꾸준히 학계에 연구 논문을 발표했다는 것입니다.

2013년 대학 부근의 자택에서 생을 마감할 때까지 그는 평생 그랬듯이 변함없이 같은 자리에서 수준 높은 연구를 계속했습니다. 학계에서는 그를 뛰어난 연구자일 뿐만 아니라 지독히도 성실했던 학자로 기억합니다.

제2부

뷰캐넌 교수의 학문세계

공공선택학자, 정치경제학자, 입헌계약주의자

1부에서는 뷰캐넌 교수의 성장과정을 중심으로 그의 생애에 에센스가 되는 이야기를 소개하였습니다. 사람들은 그를 재정학자, 자유주의 경제학자, 정치철학자, 입헌적 계약주의자 등으로 다양하게 부르지만 그의 가장 중요한 모습은 역시 정치경제학을 연구하는 공공선택학자로서의 뷰캐넌이라는 점에 이견이 없을 것입니다.

이제 2부에서는 뷰캐넌 교수의 '지적 삶'에 해당하는 그의 학문세계에 대해 그의 가장 중요한 학문적 기여로 인정받는 공공선택학의 핵심적인 내용을 중심으로 살펴보겠습니다. 물론 여기서 소개되는 모든 내용이 온전히 뷰캐넌 교수만의 것이라고 말하기는 어렵습니다. 모든 학자가 그렇듯이 그도 이전의 학자들로부터 직간접적인 영향을 받게 마련이기 때문입니다. 따라서 그의 학문세계에는 그가 살던 시대뿐만 아니라 후대의 많은 학자들에 의해 연구되고 발전된 내용들이 스며들어 있다는 점을 미리 밝힙니다. 다만, 이 책에서 소개되는 공공선택학의 주요 이론과 내용의 뼈대는 공공선택학이 발현되기 시작하는 초기부터 뷰캐넌 교수의 전 생애에 걸친 그의 통찰력과 고민, 그리고 평생의 연구와 맥을 같이 하기 때문에 그의 학문세계를 이해하는데 도움이 될 것으로 믿습니다.

1. 정치적 의사결정의 원리를 파헤치다

집단적 의사결정의 본질

일반적으로 시장에서는 의사결정/선택의 주체가 소비자 또는 생산자로서의 '개인'입니다. 이와는 달리 정부부문 혹은 정치과정에서는 대부분 의사결정이 집단적으로 이루어집니다. 그래서 경제학은 개인을 분석단위unit of analysis로 삼는 반면 정치행정학에서는 개인보다 집단을 분석단위로 여깁니다.

그런데 공공선택학은 관심 대상이 정치행정이지만 방법론은 경제학의 접근방식을 택한다는 것이 기존의 이론들과의 결정적인 차이입니다. 왜냐하면 뷰캐넌 교수와 공공선택학자들은 비록 정부의 선택이 집단적으로 이루어진다 할지라도 의사결정을 하는 최종 주체는 오직 개인이라고 생각하기 때문입니다. 다만, 이는 의사결정의 궁극적인 주체가 개인이라는 의미로, 개인의 선택은 그 의도나 결과가 순수하게 개인 자신의 사적인 것일 수도 있고, 아니면 공공이라는 이름의 집단적일 수도 있다는 점을 알아야 합니다.

예를 들어 보겠습니다. 당신이 커피숍에서 아인스패너 Einspänner 한잔을 주문해서 마시는 행위는 의도에서부터 결과까지 모두 개인에 관계된 것입니다. 그러나 흡연자가 길거리에서 담배를 피우는 행위는 의도는 사적이지만 흡연 결과로 자신 이외에 다른 사람들에게 영향을 준다면 그 결과는 공적, 즉 집단적일 수 있다는 것입니다. 게다가 우리는 일상생활에서 나 자신만을 위해 선택하기도 하고, 자신을 포함한 혹은 자신이 아닌 다른 사람들을 위해 공적으로 선택하기도 합니다. 예컨대 저는 순수하게 개인적인 행복(경제학적으로는 효용)을 위해 독서를 하고, 오로지 내 식구들을 위해서 여행을 하며, 때로는 일면도 없는 아이들을 위해 작은 금액이나마 기부합니다. 이 모두 개인인 저의 의사결정에 따른 겁니다.

공공선택학은 이 가정들을 토대로 인간을 누구나 자신의 이해관계$^{self-interest}$를 추구하는 존재로 보고, 경험적인 면에서 사회적 문제의 본질을 진단하고 규범적 측면에서는 법과 제도의 개선을 위한 처방을 제시합니다. 한마디로 공공선택학은 제도적 측면은 주로 정치행정학에서, 방법론은 경제학에서 취하여 경제학적 방법론을 정치 제도, 정부시스템 등 비경제적, 비시장적 분야에 적용하는 것으로 이해할 수 있습니다. 그래서 때로는 '정치의 경제학$^{economics\ of\ politics}$'이라고도 합니다.[7]

뷰캐넌 교수와 공공선택학자의 생각은 정치인과 관료를

비롯한 정부를 바라보는 일반적인 통념에 적지 않은 충격을 주었습니다.

> 정치인과 관료가 국가와 공익이 아닌
> 자신의 이익을 추구한다?
> 정치인은 국민을 잘 살게 하는 게 아니라
> 권력을 얻는 것이 목적이다?
> 국가를 운영하는 법이 주어진 것이 아니라
> 법 자체가 선택의 대상이다?

이처럼 꼬리에 꼬리를 무는 의문과 주장은 상아탑의 세계에서뿐만 아니라 일반 사람들의 현실 세계에도 큰 충격을 주었습니다. 정치인이나 관료 역시 생산자나 소비자와 마찬가지로 최우선적으로 자신의 이해관계를 위해 노력한다는 것입니다. 이는 정치가나 관료가 자신의 이익보다 공익을 우선시한다고 가정하는 전통적인 관점과는 매우 다른 것입니다. 그야말로 정부에 대한 '미신'을 깨고 진실을 드러내는 주장들이었습니다.

공공선택학의 탄생

이제까지 설명한 공공선택학을 간단하게 정리하겠습니다.

공공선택학은 경제학적인 방법론을 시장이 아닌 정부, 즉 정치행정의 영역에 적용한 학문입니다. 여기서 방법론 methodology이란 어떤 일을 하는 방법, 과정, 그리고 그 원칙의 총체적 체계를 말하는데요. 흔히 어떤 기술이나 과정을 일컫는 방법method과는 의미가 다릅니다. 예를 들면, 일반적으로 사회과학의 방법론이라고 하지 사회과학의 방법이라고 부르지 않으며, 책상을 만드는 방법이라고 하지 책상을 만드는 방법론이라고 하지 않습니다.

뷰캐넌과 공공선택학자들의 연구관심 대상은 정치와 행정을 중심으로 한 정부이지만, 그를 분석하고 해석하는 방식은 경제학의 접근방식 혹은 방법을 택하고 있습니다.[8] 즉, 정치행정의 현상을 경제를 볼 때와 같은 렌즈, 같은 방법론으로 설명하려는 움직임이 등장한 것입니다.

뷰캐넌 교수는 그의 평생 동료인 털럭과 함께 공공선택학의 개척자로 인정받습니다. 공공선택학에 대한 그의 본격적인 연구는 털럭과 함께 저술한 이 분야의 가장 중요한 고전으로 여겨지는 '합의의 분석 The Calculus of Consent(1962)'으로부터 시작됩니다.

이 책에서 뷰캐넌은 민주주의를 택하고 있는 국가의 정치적 의사결정에서 별다른 이견 없이 널리 수용되고 있는 다수결 제도가 내포하는 문제점을 지적합니다. 그리고 빅셀이 제시한 만장일치의 원리와 비교하여 합리적인 대안을 찾습니다. 또한 정치적 과정의 본질이라 할 수 있는 집단적 의사결정 규칙의 문제점을 분석하고 국가의 가장 기본이 되는 법이라고 할 수 있는 '헌법'의 바람직한 모습을 제시하고자 합니다.

특히, 정치도 결국 시장에서 소비자와 생산자들이 하는 일종의 교환 행위라는 가정과 함께 마찬가지로 정치시장에서의 의사결정에서도 인간은 누구나 자신의 행복(효용)을 가능한 크게 하려한다는 가정을 적용합니다. 이러한 접근방법을 통해 우리는 그동안 전통적인 정치행정학에서 설명하지 못한 많은 의문점을 해소하고 진정한 모습의 현실 정치와 관료세계를 이해할 수 있다고 주장합니다.

일반적으로 유럽에서 '신정치경제학'으로 불리는 공공선택학은 아담 스미스 이후 존 스튜어트 밀[J. S. Mill]까지 이어온 고전 정치경제학의 부활로 인정받습니다. 뷰캐넌 교수는 신고전주의 경제학의 기초를 마련한 영국의 경제학자 알프레드 마셜[A. Marshall] 이후의 경제학이 전통적인 정치경제학을 지나치게 수학적, 기술적으로만 접근하고 있다고 비판합니다. 그는 후생경제학을 비롯한 당시 주류경제학자들이 스미스를 비롯한 고전정치경제학자들과 달리 다양한 사회적 요인들을 배제하고 경제와 정치의 상호작용을 무시한 채 오직 경제 측면에만 집중하여 경제현상을 제대로 올바르게 설명하지 못한다고 지적합니다.

뷰캐넌 교수는 전통적으로 경제현상 혹은 시장에만 적용하던 경제학 방법론의 주요 가정들을 정치행정의 현상 혹은 정부에도 적용할 수 있다고 생각했습니다. 왜냐하면 설령 시장과 정부가 서로 색깔이 다른 두 제도라 하더라도 개인으로서 사람들의 의사결정과 행동은 다르지 않다고 생각했기 때문입니다. 경제학 방법론의 열쇠가 되는 가정은 사회현상의 가장 기본이 되는 분석의 단위는 '개인individual'이라는 점과 사람들은 가능한 합리적으로 선택한다는 것입니다.[9]

여기에 뷰캐넌 교수는 이 두 가정을 기초로 효율적인 자원배분에 초점을 둔 주류경제학과는 달리 고전정치경제학에서 강조한 '교환exchange'이라는 개념을 부활시키고 이를 정치행정의 영역까지 적용합니다. 그는 교환의 중요성을 강조하면서 이는 시장에서의 여러 가지 현상뿐만 아니라 공공부문에도 적용할 수 있으며 이를 통해 정치행정의 현상을 더욱 정확하게 이해할 수 있다고 보았습니다. 뷰캐넌 교수가 취하는 이러한 방법론 혹은 접근방식은 세상을 바라보는 그의 관점에도 큰 영향을 미칩니다.

마지막으로 용어가 비슷해서 공공선택학과 많이들 혼란스러워하는 소위 '사회선택이론 Social Choice Theory'과의 차이점에 대해서 잠시 설명하겠습니다. 공공선택학의 핵심 가정은 첫째, 방법론적 개인주의, 둘째, 합리적 선택의 경제인간, 그리고 마지막으로 교환으로서의 정치, 즉 정치를 교환의 개념으로 설명하는 것입니다. 뷰캐넌 교수에 따르면, 앞의 두 가정은 효용극대화를 추구하는 개인들의 가치기준을 사회적 선택의 근거로 보는 사회선택이론에서도 적용됩니다. 하지만 사회선택이론은 정치를 일종의 교환으로 보지 않습니다. 즉, 기존의 주류경제학과 같이 정치를 하나의 최선의 결과^{best result}로 이미 존재하는 주어진 것으로 간주합니다.

결국 이러한 시각은 애로우 이후 주류경제학의 배분 패러다임에 녹아들어 사회후생함수의 극대화를 개별적으로 총합한^{aggregate} 경제로 확장한 것에 불과하도록 만듭니다. 반면 교환 패러다임을 정치로 확장하는 것은 정치적 의사결정의 제도적 구조에 대한 관심으로 이끌게 합니다.

2. 개인의 자유를 최우선시하다

개인의 자유와 가치

뷰캐넌 교수는 공공선택학을 고전정치경제학에 뿌리를 두고 진화한 하나의 설명^{version}으로 보았습니다. 그는 고전정치경제학에서 발전한 생각들이 정치와 경제를 비롯하여 더불어 사는 다양한 측면에서 사람들의 행동을 어떻게 변화시켰는가를 보고자 했습니다.

어떤 세세한 사건이나 정책 등의 현상보다 국가질서, 사회구조 등에 대한 근본적인 질문에 대해 고민하고 연구하는 것을 추구했던 뷰캐넌 교수는 노벨경제학상 수상자이긴 했지만 자신을 경제학자라기보다 정치철학자로 생각하였습니다.

뷰캐넌 교수는 생각하고 느끼고 실제로 체험하는 의식 consciousness의 가장 기본적인 단위는 개인이라고 생각했습니다. 그는 어떤 가치문제에 관하여 개인이라는 개념을 벗어난 것들은 큰 의미가 없는 것으로 간주하고 가치의 근원을 개인에서 찾았습니다. 즉, 개인으로부터 벗어나 독자적인 초월적 이상으로부터 어떤 가치를 생각할 수 없다는 것입니다. 생각해보면 우리가 사는 세상에서 올바른 것, 참된 것, 아름다운 것이라고 생각하는 것들은 모두 개인적인 판단으로부터 옵니다. 따라서 그는 오직 개인만이 의식의 기본단위이고 세상을 바라보는 관점에서 시작할 수 있는 유일한 방법이라고 생각했습니다.

뷰캐넌 교수는 개인과 개인의 자유를 모든 가치판단의

출발점이라고 인식합니다. 이 점은 그가 공공선택학의 연구에서 '방법론적 개인주의'를 채택한 이유와 결정적인 관계가 있습니다. 그는 개인을 생물학적 기본단위이자 의식의 기본단위라고 생각했기 때문에 모든 집단, 조직, 공동체, 그리고 국가는 개인으로부터 시작하며 개인만이 유일한 평가의 원천이라고 생각했습니다. 즉, 집단이나 국가는 하나의 독립적인 유기체organism로 존재하는 것이 아니라 하나하나의 개인 모두를 합한 것에 불과하다는 것입니다. 이 같은 생각이 그가 세상을 바라보는 중요한 렌즈로서 방법론적 개인주의를 따르는 이유입니다.

뷰캐넌 교수는 무엇보다도 개인의 존재와 가치를 중요하게 생각하는 개인주의자이면서 개인의 자유를 가장 중요한 가치로 생각한 자유주의자였습니다. 그래서 뷰캐넌은 자신의 정치적 성향을 미국 정치에서의 보수주의자라고 규정하는 것을 마음에 들어 하지 않았습니다. 왜냐하면 미국에서 정치적으로 보수주의자라고하면 자칫 반정부, 반국가적 견해를 가진 모습으로 비춰지기 쉽기 때문입니다.

그는 정부의 역할을 분명하게 제한하고 지나친 정부개입의 문제를 지적했지만, 국방, 치안과 같은 정부가 해야 하는 기본적인 역할을 인정했기 때문에 무정부주의자와는 거리가 멀었습니다. 그는 자신을 고전자유주의자라고 부르는 것이 적절하다고 생각했으며, 스스로를 '입헌적 계약주의자 constitutional contractarian'라고 부릅니다.

뷰캐넌 교수는 '개인의 자유'를 가장 중요한 기본가치로 전제하고 이를 기초로 어떻게 사회를 구성하고 그 속에서 사람들이 어떤 자유로운 삶을 영위하느냐가 중요하다고 보았습니다. 그가 우리나라를 비롯해 지금 각국에서 공동체, 국가라는 이름으로 개인의 자유를 만만하게 생각하는 정부를 바라보면 개탄할 것입니다. 코로나 팬데믹이 온 세계를 덮쳐 설령 일부 불가피한 상황일지라도 '공익'을 위해서는 어쩔 수 없다는 이유로 소중한 자유를 기꺼이 포기해준 시민들을 보았다면 뷰캐넌 교수는 무슨 생각을 할지 궁금합니다. 그가 자신의 저서에서 설파한 '자유의 제한Limits of Liberty'에 대해 다시 생각하게 합니다.

의외로 많은 사람들이 인간이 자기애self-love 혹은 자기이익self-interest을 추구한다는 뷰캐넌과 공공선택학의 가정에 대해 오해하는 것이 있습니다. 사람들이 각자 자기이익을 추구한다는 그의 가정은 매우 간단한 것입니다. 누구나 각자가 기대하는 목적이나 목표ends를 추구한다는 의미일 뿐 그 목적의 실질적인 내용에 대해서는 어떤 다른 의미를 포함하지 않습니다.

예를 들어, 여러분은 맛있는 음식을 먹고, 좋은 옷을 입음으로써 자신의 행복(효용)을 높일 수 있습니다. 나아가 자신과 아무런 관계가 없다 하더라도 소득이 낮은 사람들이 가난에서 벗어나 누구나 기본적인 삶을 꾸릴 수 있는 모습을 보는 것이 당신에게 행복을 줄 수 있습니다. 이는 스미스가 강조한 '공감sympathy'이라는 인간의 본성 때문입니다. 나아가 오지에서 어려운 사람들을 돕기 위해 자신을 희생하면서 그들이 가난에서 벗어나 인간다운 생활을 향유하는 모습을 보는 것이 선교사 개인의 목적일 수 있습니다. 넓은 의미에서 이들 모두 개인의 이익, 즉 '사익'에 해당하는 것입니다.

뷰캐넌의 인간관에 대한 또 다른 오해는 그가 인간을 합리적 선택자로만 본다는 것입니다. 인간이 합리적이라는 가정은 모든 사람들이 언제, 어떤 상황에서나 '항상' 합리적이고 그래서 미래를 예측할 수 있는 방식으로 행동한다는 의미가 아닙니다. 공공선택학이 가정하는 합리적 선택의 인간이란 단지 사람들이 어떤 목적을 세우고 계획한다면 그 목적에 부합되는 행동을 할 것으로 기대할 수 있다는 의미입니다.

예를 들어, 어떤 사람이 좋아하는 여행지 1순위는 제주도이고 2순위는 경주, 그리고 마지막으로 해운대의 순이라면 그가 여건이 되었을 때 경주나 해운대 보다 제주도를 먼저 선택하는 것이 합리적입니다. 모든 조건이 충족되고 여행을 위한 아무런 제약이 없는데 자기가 제일 선호하는 제주도가 아니라 해운대를 선택하는 것은 합리적이지 않다는 것이지요.

만약 여러분이 도넛가게를 운영하는 사장이라면 손님들을 많이 모시고 돈을 많이 벌기 위해 최대한 질 좋고 맛있는 도넛을 만드는 것이 합리적인 것입니다. 가게를 운영하면서 당장 눈앞의 이익에 함몰되어 오랫동안 얻을 수 있는 이익을 포기하는 경우를 합리적이라고 볼 수 없습니다. 합리적 행동이란 단기적이 아니라 장기적인 안목에서 결정하는 것입니다.

뷰캐넌 교수의 세계관

세계관이란 어떤 관점이나 사고를 통해 세상을 근본적으로 인식하는 방식을 말합니다. 즉, 우리가 사는 세상을 어떤 관점에서, 무엇으로 보는가 하는 것입니다. 뷰캐넌의 세계관은 그의 인간관, 그가 평생 일관성 있게 견지하고 있는 '방법론적 개인주의'와 관련이 있습니다. 방법론적 개인주의 관점에서 집단, 공동체, 사회, 국가는 단지 그를 구성하는 개인들의 집합체에 불과합니다. 그는 어떤 선택을 하고 행동하는 주체는 오직 개인이라고 생각합니다.

따라서 '정부가 무엇을 한다'거나, '사회가 어떻게 돌아간다'는 말은 방법론적 개인주의의 관점에서는 너무 모호하고 두리뭉실한 표현입니다. 정부가 무엇을 한다는 것은 정부를 구성하는 개인으로서의 정치인 또는 관료가 무엇을 하는 것이고 이들이 어떻게 정부기구를 운영하는가 하는 것입니다.

모든 집단적인 행동은 결국 자세히 들여다보면 개인을 기초로 한 대리인individual agency이라는 면에서 이해되어야 합니다. 따라서 조직을 구성하는 개인이 어떤 선택을 하고 행동하는가를 보아야 합니다. 이런 관점에서 정치인들이 입버릇처럼 말하는 '공익'이라는 것도 따지고 보면 개인의 이익을 모두 합한 것에 불과합니다. 공익이라는 것이 개인의 사익과 따로 독립적으로 있는 것이 아니라는 겁니다.

따라서 모든 사회적 관계 혹은 상호작용을 이해하기 위해서는 그 과정에 참여하는 개인의 선택과 행동을 분석하는 것에서 출발해야 합니다. 사회적 상호작용에서 예상되거나 관찰되는 결과들은 각각 구별된 개인들의 선택으로 나누어 세분화시켜서 봐야한다는 것입니다.

3. 교환의 가치를 부활시키다

교환의 학문

공공선택학과 경제학은 모두 사회현상을 분석하는 기본 단위를 개인으로부터 출발합니다. 사실 처음 경제학은 각 개인이 보유한 초기의 재능/역량^{endowment} 그리고 그들의 선호를 토대로 개인들의 교환에 대해서 설명하고, 과연 시장에서 교환을 통해 어떻게 상호 이익을 얻을 수 있는지를 설명하는 학문이었습니다. 오스트리아의 경제학자 뵘바베

르크Böhm-Bawerk가 강조했듯이 경제학은 개인들 간의 교환에 대한 것이기 때문에 경제학은 교환을 하는 '개인'에 대한 이해로부터 출발해야 합니다.

뷰캐넌 교수는 전통적인 주류경제학의 가장 큰 문제점은 경제와 시장의 핵심이 되는 사람들의 '교환'을 소홀히 하고 자원배분의 효율성에 지나치게 무게를 둔 것이라고 꼬집습니다. 여전히 현대 경제학 교과서의 상당수가 경제학을 희소한 자원의 효율적인 배분에 대한 학문이라고 규정하고 있습니다.

그는 경제학의 출발은 '자원을 배분하는 것'부터 출발해서는 안 된다고 지적합니다. 그 대신 서로 다른 재화와 서비스, 그리고 각자의 선호를 가진 두 거래자를 상정하고 어떻게 그들이 교환을 통해 상호 이익을 얻을 수 있는지에 대한 것에서 출발해야 한다고 주장합니다.

사과와 배의 교환과정에 대한 간단한 사고실험을 해보겠습니다.

여기 사과와 배가 있고, 이를 가지고 있는 강군과 박양의 선호가 서로 다르다고 가정하죠.

과연 이들은 교환을 통해 각자 어떤 이익을 얻을 수 있을까요?

뷰캐넌 교수는 경제학은 이런 질문으로부터 시작해야 한다고 생각합니다. 거래당사자들이 교환으로부터 서로 각자 어떤 이익을 얻을 수 있는지를 고민하는 것에서 말입니다. 무인도에서 로빈슨 크루소가 혼자 코코넛을 따는 것과 생선을 잡는 것 사이에 어떻게 자원(시간과 노력)을 배분할 것인가부터 경제학이 출발해서는 안 된다는 것입니다.

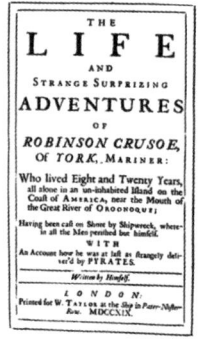

로빈슨 크루소 그림

이 같이 경제에 대한 서로 다른 연구의 출발점에서 나타나는 차이는 경제학 전체의 주제에 접근하는 방식에서 중요한 의미를 갖습니다. 뷰캐넌 교수는 기존의 경제학이 경제 전체의 자원배분으로 얻는 가치를 극대화하려고 했기 때문에 결국 수학적인 수단을 이용하게 되고, 그 결과 점점 더 현실과 동떨어진 복잡한 기술적 해법에 의존하게 된다고 지적합니다.

경제학 교과서에 담긴 효율적인 자원배분을 위한 수요자(소비자)의 효용극대화, 생산자(기업)의 이윤극대화가 여기에 해당합니다. 그는 비록 이 같은 접근방식을 통해 확실한 해답을 얻을 수 있을지라도 우리가 진짜 알고 싶은 것은 수학적인 해답이 아니라 거래당사자들의 상호작용, 즉 교환에 따른 결과라고 주장합니다.

자원배분에 초점을 둔 경제학에 대한 그의 지적은 공공선택학의 매우 중요한 의의라고 할 수 있습니다. 왜냐하면 경제학이 효율적 배분의 '자원'에 초점을 맞춘 것에 반해 교환을 강조하는 뷰캐넌과 공공선택학은 교환의 당사자인 '인간'에 초점을 맞추기 때문입니다. 한마디로 공공선택학은 교환을 강조한 고전 정치경제학의 부활을 의미하고 경제의 중심을 인간으로 회복시켰다고 할 수 있습니다.[10]

같은 맥락에서 경제학에서 교환의 중요성을 지적한 뷰캐넌은 '카탈락틱스^{Catallactics}'의 개념을 강조합니다. 카탈락틱스는 교환에 대한 학문^{science of exchange}, 즉 '교환학' 정도로 번역할 수 있습니다. 19세기에 등장한 이 개념은 뷰캐넌 교수의 입장에서 교환의 과정을 강조하는 좋은 사고방식이라고 생각했습니다. 그는 이를 보다 확대해서 '교환과 계약의 학문^{science of exchange and contract}'이라고 정의합니다. 그는 카탈락틱스가 바로 경제학이 추구해야 할 방향이고 주제가 되어야 한다고 주장합니다.[11]

뷰캐넌 교수는 작고 단순한 조직에서부터 크고 복잡한 조직 구조와 형태에 이르기까지 사회를 올바르게 이해하는 접근방식은 개인들이 서로 자발적으로 교류하는 방식에 초점을 두어야 한다고 생각합니다. 즉, 개인들이 어떤 방식으로 계약을 맺고 합의에 도달하는지에 대한 방법을 연구해야 한다는 것입니다.

그는 이 개념은 시장경제뿐만 아니라 집합적이고 복잡한 교환으로서 정치에도 확장할 수 있다고 보았습니다. 왜냐하면 정치시장이란 기본적으로 참여한 사람들이 원하는 것을 얻고자 서로 교환하기 위해 조직화하고 정치질서의 이점을 공유하기 때문입니다. 그리고 이것은 정치철학에서 계약주의 전통과 연결됩니다. 그는 카탈락틱스의 관점에서 정치에 대해 생각하면 자연스럽게 계약주의자가 될 수 있다고 생각했습니다.

교환으로서의 정치

뷰캐넌 교수가 학문적으로 가장 기여한 점은 교환의 개

념을 공공선택학에 도입하여 정치행정에 적용한 것입니다. 그가 노벨상을 수상한 이유가 바로 이 같은 독창적인 연구가 인정되었기 때문입니다. 뷰캐넌 교수에 따르면 교환을 정치과정에 적용하는 접근방식은 기본적으로 계약주의자들이 취하는 방식으로 존 로크^{J. Locke}를 비롯한 정치철학자들의 입장이기도 합니다. 그는 원래 카탈락틱스의 개념이 고전계약주의자들의 정치철학에 내포되어 있었지만 이후 그 흐름에서 벗어나 경제와 정치를 분리하는 불행한 결과를 초래했다고 보았습니다.

19세기 말 유럽의 학자들 사이에는 경제학 원리를 확장하여 공공 혹은 정부부문에 적용하려는 시도가 있었지만 영어권 국가들의 경제학에는 거의 영향을 미치지 못했습니다. 왜냐하면 당시 영국을 비롯한 영어권에서는 마샬류의 접근방식이 경제학을 지배했고 이후 미국으로 넘어와 미국의 경제학에 주된 영향을 미쳤기 때문입니다.

뷰캐넌 교수가 강조하는 교환의 중요성은 공공선택학의

방법론적 개인주의와도 연관됩니다. 그는 방법론적 개인주의를 가정하면서 정부의 조직과 기관 등은 단지 개인으로서 사람들이 만들고 설계한 것일 뿐이라고 생각합니다. 그래서 우리가 정부를 정확하게 분석하기 위해서는 정치를 구성하는 요인을 하나하나 나누어 분석해야 합니다.

그는 근대국가 이후 지금까지 우리가 살고 있는 사회는 정부가 시장보다 선행해야 한다는 스미스의 지적에 동의합니다. 서로 거래를 시작하기 전에 무엇이 내 것이고 네 것인지 각자의 재산에 대한 권리(재산권, 소유권)를 규정해 줄 수 있는 주체가 필요하기 때문입니다. 한마디로 개인의 생명과 재산을 보호하는 법과 제도가 일차적으로 있어야 한다는 뜻입니다. 이런 의미에서 시장이 정상적으로 형성되고 제대로 작동하려면 정부가 시장보다 앞서야 한다는 것입니다.

정부는 시민 개개인의 자유를 최대한 보장하고 그들이 원하는 것을 얻을 수 있도록 지원하는 기관입니다. 중요한 것은 정부가 가지는 유일한 정당성 혹은 합법성은 시민들이 정부라는 기구를 만드는데 동의하는 궁극적인 합의에서 발견된다는 점입니다. 시민들의 합의가 없는 상태에서 모든 정치구조에 대한 합법성은 인정받을 수 없습니다.

정부는 개인과 독립적으로 존재하지 않습니다. 계약주의적인 관점에서 정부는 사람들의 합의로부터 생겨난 것이기 때문에 기본적으로 교환의 결과인 셈입니다. 시민들이 자신을 위한 결정을 내릴 수 있는 권력을 그들을 대신해 줄 누군가(정치인, 관료)에게 위임하는 것에 동의함으로써 정부가 조직되는 것입니다.

과정의 중요성

뷰캐넌 교수는 경제학이 자원배분, 소득분배 등 지나치게 '결과outcome'에 집중함으로써 잘못된 방향으로 가고 있다고 생각했습니다. 그는 자원이나 소득이 분배되는 결과 자체 보다는 이를 초래하는 '과정process'에 더 많은 관심을 갖습니다. 그는 사람들이 국가를 통치하는 과정과 공동의 목적을 달성하기 위해 일정한 규칙을 정하고 그 규칙 하에 사회의 여러 요인들을 유기적으로 구성한 사회조직에서 서로 상호작용하는 과정에 초점을 맞춥니다. 그의 주장은 분명합니다.

> "시장질서는 참여자들 사이에 자발적인 교환 과정으로부터만 생겨난다. 질서는 그 자체로 그것을 만들어내는 과정의 결과로 정의된다."

한마디로 우리가 주목해 할 것은 결과뿐만 아니라 그것이 생성하게 된 과정이라는 것입니다. 왜냐하면 우리가 무언가 부족한 점을 지속적으로 수정보완하고 개선할 수 있는 것은 구체적인 결과를 야기하는 과정이기 때문입니다. 그래서 그는 눈앞에 나타나는 특정 결과보다는 그 결과를 생겨나게 하는 과정에서 결정적인 영향을 미치는 규칙과 구조적 문제, 그리고 정치와 경제의 조직적인 면에 중점을 두고 연구합니다.

물론 그렇다고 뷰캐넌 교수가 오직 과정만을 중요하게 생각하고 결과를 무시하거나 무관심했다는 뜻은 아닙니다. 다만 그는 긍정적이든 부정적이든 어떤 결과가 발생했을 때 과연 그 결과가 바람직한지 아닌지를 어떻게 판단할 수 있느냐고 묻습니다. 결국 최종적으로 나타난 결과가 바람직한지 아닌지에 대해 우리가 할 수 있는 평가는 그러한 결과에 도달하는 과정이라는 것입니다.

예를 들어 보겠습니다.

지금 시장에서 김씨와 박씨 두 사람이 서로 사과와 배를 거래하려고 합니다. 여기서 우리는 그들 중에 누가 더 부자인지, 더 똑똑한지, 어느 국적의 사람인지, 이들이 어떤 취향의 사람인지는 아무 관심이 없습니다. 기본적으로 시장에서의 교환은 거래를 하는 사람의 '정체성^{identity}'이 아니라 그들이 교환하는 재화와 서비스에 있기 때문입니다. 시장에서 거래 당사자가 대기업이니 중소기업이니, 혹은 제품이 국산이니 수입품이니 하는 질문은 거래의 본질에서 거리가 멀다는 뜻입니다. 이제 둘은 거래를 통해 김씨의 사과 한 개와 박씨의 배 두 개를 교환하는 '결과'가 생겼습니다. 이 거래에서 뷰캐넌 교수가 관심을 두는 부분은 사과 하나에 배 두 개라는 교환의 결과가 아니라 교환이 이루어지는 과정에 있습니다.

만약 두 사람이 거래하는 데 어느 한쪽이 상대방을 기만하거나, 사기 또는 부당한 행동을 하지 않고, 서로가 원래 보유하고 있던 능력과 자원 등을 인정한다면, 결과가 어떻게 나타나든 교환의 결과로 나타나는 것은 결국 바람직하다는 것입니다. 즉, 사과 하나에 배 둘을 거래하는 결과를 낳든, 사과 하나에 배 셋을 교환하든 거래를 하는 과정에 문제가 없는 한 거래의 결과는 바람직하다는 것입니다. 이 때 '거래 결과가 바람직하다'고 말할 수 있는 것은 교환 자체가 정당하다고 평가한 과정을 통해 그와 같은 결과에 도달했기 때문입니다. 이것이 뷰캐넌 교수가 주장한 결과보다는 과정에 초점을 두고 판단해야 한다는 것입니다. 그는 누구보다도 과정의 중요성을 인식하고 있었습니다.

4. 민주주의의 함정을 경고하다

다수결제도의 비판

뷰캐넌 교수는 집단적인 선택이 본질인 정치적 의사결정에서 이상적인 원칙을 '만장일치'라고 보았습니다. 하지만 모든 구성원의 동의를 얻는다는 것은 상황에 따라 쉽지 않은 경우가 많습니다. 예를 들어 집단의 사람 수가 많아질수록 의사결정에 필요한 비용이 커지기 때문에 만장일치는 현실적으로 더 어려워집니다. 결국 현실적인 이유로 민주주의 국가에서 정치적 의사결정은 일반적으로 다수결에 의한 결정, 즉 다수결원칙에 의한 투표제도가 채택됩니다. 그 중에서도 가장 보편적으로 적용되는 다수결 원칙은 전체 구성원의 절반 이상(N/2 +1)이 지지하는 과반수 의결입니다.

사람들은 흔히 별다른 의심 없이 과반수 다수결원칙을 가장 민주적인 의사결정이라고 치부하는 경향이 있습니다. 뷰캐넌 교수는 이렇게 투표자의 절반 이상만 동의하면 결정되는 과반수 의결을 민주적인 결정이라고 받아들이는 태도를 경계합니다. 그는 과반수 다수결제도를 효율성, 형평성, 그리고 일관성의 세 가지 관점에서 비판합니다.

첫째, 과반수 다수결제도에 의한 자원배분은 일반적으로 어떤 경우는 지나치게 많이 공급되거나 때로는 너무 적게 공급되는 경향이 있기 때문에 효율성의 관점에서 바람직하지 못합니다. 예를 들어 '님비현상 NIMBY, Not In My Backyard'과 같이 사회 전체의 공익에는 부합하지만 자신의 지역에 해롭기 때문에 시민들 간의 갈등이 심각한 경우, 가장 효율적인 집단적 의사결정비용이 높아 합의에 필요한 찬성인원수나 지지율이 단순 과반수보다 상대적으로 높아야 합니다. 특히, 뷰캐넌 교수는 재정정책의 결정과정에서 다수결제도는 정부예산을 증가시키고 과다한 재정지출을 유발하기 쉽다고 지적합니다.

흔히 정부가 제공하는 공공재는 여러 사람이 공동으로 사용하기 때문에 비용 역시 공동으로 부담해야 합니다. 그런데 공공재는 누가, 얼마만큼을 원하고 실제로 소비하는지를 정확하게 알 수가 없기 때문에 이에 따른 정확한 비용을 부과하기 어렵습니다. 또한 공공재를 이용하는 사람들은 이를 사용함으로써 자신이 얻을 수 있는 효용을 축소하려는 경향이 있습니다.

이 같은 현상을 '무임승차free-riding' 성향이라고 부릅니다. 비용을 지불하지 않고 가능한 공짜로 이용하려는 심리지요. 이로 인해 공공재는 사회적으로 필요한 양만큼 공급되기 어렵습니다. 반면, 공공재의 생산량을 결정하는 정치시장에서 정치인과 관료는 각자 이해관계에 집착하여 '투표거래'를 시도하기 때문에 일부 공공재는 실제로 필요로 하는 것보다 과잉 공급되는 결과를 가져옵니다.

둘째, 다수결제도는 소득분배의 측면에서도 형평성을 보장하지 못합니다. 공공선택학 이론 가운데 하나인 '중위투표자의 원리Median Voter Theorem'에 따르면, 민주주의를 채택하고 있는 국가의 다수결제도에서는 정치적 선호가 중간에 위치한 유권자(중위투표자)의 선호가 반영되어 투표결과에 결정적인 영향을 미치는 경향이 있습니다. 그 결과, 정치인과 정당이 내놓은 정책과 공공재는 다수의 국민(유권자)이 아니라 중위투표자의 필요와 선호를 반영하기 때문에 사회전체의 비효율과 함께 불공평한 자원배분을 초래하게 됩니다.

마지막으로 다수결제도는 투표역설voting paradox이 발생할 가능성이 많기 때문에 일관성 관점에서도 문제가 있습니다. 투표역설이란 단순 다수결원칙을 적용할 경우 고려되는 대안의 '순서'에 따라 모든 대안들이 선택될 수 있는 현상을 말합니다. 이렇게 되면 투표가 아무런 결론을 도출하지 못하고 무한정 반복되는 결과를 초래하지요.

예를 들어 A와 B에서 A가 선택되고, B와 C에서 B가 선택된다면, 선호의 이행성에 따라 A와 C 중에 A가 선택되어야 하는데, 오히려 A가 아니라 C가 선택되는 결과를 가져옵니다.[12] 그래서 선호의 결과가 반복적으로 돌고 돈다는 의미에서 투표순환이라고 부르는 겁니다. 이러한 현상은 넓게는 합리적인 개인의 투표 결과가 집단 의사결정에서 불합리한 결과를 초래할 수 있다는 것으로, 다수결제도가 개인적 가치로부터 항상 일관성 있는 사회적 선택을 보장하지 않는다는 것을 의미합니다.

다수결제도는 이처럼 효율성, 형평성, 일관성 측면에서의 문제일 뿐만 아니라 민주주의 국가에서 발생하는 다양한 사회문제를 정치적으로 해결하려는 경우 정부의제의 조작을 초래할 수 있습니다. 의제조작agenda manipulation이란 자신에게 유리한 결과를 얻기 위해서 의제의 순서(예컨대, 의회에서 의안이 상정되는 순서)를 의도적으로 바꾸는 것이다. 이 경우 투표자의 선호가 아니라 의제의 순서나 일정에 의해서 대안이 결정되는 것을 말합니다. 이는 현실 정치에서 의원들이 자신들에게 유리한 정책/사업을 통과시키기 위해 서로 표를 거래하는 투표거래 혹은 로그롤링logrolling과 같은 전략적인 행동으로 나타납니다.[13]

민주주의와 지대추구

뷰캐넌 교수는 집단적 의사결정의 원칙으로서 과반수 의결이 합리적이지도 않고, 믿을만하지도 못하다고 지적합니다. 나아가 그보다 더 우려하는 것은 민주주의라는 이름으로 발생하기 쉬운 잠재적 리바이어던에 의한 잠재적 착취potential exploitation의 문제입니다.[14]

특히 이 문제는 지대추구rent seeking와 따로 떼어내기 어려운 밀접한 관계에 있습니다. 문자 그대로 토지에 대한 대가, 즉 '땅값'이라는 의미에서 출발한 지대^{rent}란 어떤 자원의 소유자에게 해당 자원이 대체 사용에서 얻을 수 있는 것보다 초과하여 지급된 금액(지불금)을 말합니다. 공급량이 제한적인 자원에 대한 일종의 프리미엄이라고 이해할 수 있습니다. 그는 희소한 자원을 보유하거나 특수한 능력의 소유자가 보통 수준 이상의 많은 것을 원하는 한 지대추구에 사로잡히기 쉽다고 말합니다.

지대추구는 경제행위를 하는 시장에서 뿐만 아니라 정치과정에서도 쉽게 발견될 수 있습니다. 우선 경제적인 측면에서 지대추구행위와 그 결과를 보겠습니다.

예를 들어, 우리 동네에 빵집이 하나밖에 없다고 가정합니다. 합리적인 주인은 수입과 비용을 고려하여 가능한 많은 이윤이 나도록 가격을 책정할 것입니다. 이를 경제학적으로 '이윤극대화'를 추구한다고 합니다. 그리고 이 가게는 동네에서 하나 밖에 없는 '독점'이기 때문에 빵값은 여러 가게가 경쟁할 때 보다 높기 쉽습니다. 따라서 경쟁 가게가 생기기 전까지는 적어도 단기적으로 이 빵집 주인은 경쟁상태일 때보다 높은 가격을 통한 이윤, 즉 지대를 누릴 수 있습니다.

하지만 시간이 지날수록 이 같은 지대의 존재는 소비자의 입장에서 두 가지 상황을 만들어 낼 수 있습니다.

첫 번째 상황은 지대를 얻으려는 경쟁자(다른 빵집)가 등장하여 동네에서 경쟁이 발생하고 빵값이 내려가는 경우입니다. 두 번째는 설령 가격이 내려가지는 않더라도 경쟁을 통해 높은 가격에 상응하는 더 맛있는 빵집이 생길 가능성이 있습니다.

이 두 상황이 긍정적으로 조합되면 그 결과는 소비자들에게 이익이 될 것입니다. 경쟁적으로 지대추구를 한 결과 궁극적으로 지대는 사라지고 경쟁을 통해 소비자가 질 좋은 빵을 즐길 수 있기 때문입니다. 좀 더 넓게 보면 이러한 과정을 통해 자원이 보다 생산적인 사용으로 이어져 자원배분의 효율성도 높일 수 있을 것입니다.

다음으로 정치과정에서 나타나는 지대추구의 결과를 생각해 보겠습니다. 공공선택학이 관심을 갖는 지대는 바로 '정치과정에서 발생하는 이권'이라고 할 수 있는데, 이것을 '정부지대'라고 부르겠습니다. 정치적 과정에서 발생하는 정부지대를 추구하는 경우 어떤 결과를 초래할까요?

결론적으로 동네 빵집의 사례, 즉 시장에서와는 달리 정부지대 추구는 사회적으로 네거티브섬 게임$^{negative\ sum\ game}$의 결과를 초래합니다. 이 게임은 참가자의 이득과 손실의 총합이 마이너스가 되는 게임으로 통상 사회적으로 비효율적인 상태를 초래합니다.

우선, 정부지대는 시장에서와 같이 자연스럽게 발생하지 않고, 정치권력과 연관되어 의도적이고 인위적으로 만들어지는 경우가 많습니다. 한마디로 정부로 하여금 지대를 창출하거나 배분하도록 유도하는 시도와 관련됩니다. 보통 동네에 빵집이 하나(즉, 독점)인 이유는 원래 동네에 없던 빵집이 새로 생겨난 결과이거나 아니면 그 빵집이 품질이나 가격의 우위로 다른 빵집들을 물리치고 경쟁에서 승리한 경우일 것입니다. 둘 중 어떤 경우든 이 독점은 시장에서 자연스러운 결과에 해당합니다.

반면, 정부지대는 각종 인허가 규제에 의해 독점권을 부여하거나, 특정 상품의 국내시장에 대한 수입 금지, 또는 일부 소수 이익집단의 이익을 보호하기 위한 정부보조금 등으로부터 발생합니다. 이들은 정부가 정책을 통해 특정인이나 집단에게 독점권 혹은 넓은 의미에서 특혜나 특권, 즉 정치적 이권을 주는 것이라고 볼 수 있습니다.

정부지대추구의 결정적인 문제는 시장에서와 달리 이렇게 정치권력(정책과정)에 의해 인위적으로 주어진 독점권이나 특혜가 장기적으로 소멸되거나 사라지지 않는 경향이 있다는 것입니다. 나아가 정부지대는 자원 또는 부의 이전$^{wealth\ transfer}$라는 면에서 매우 중요한 의미를 갖습니다.

이때 자원/부의 이전이란 한 집단으로부터 다른 집단으

로의 자원이나 부가 옮겨가는 것을 말합니다. 예를 들어 소비자로부터 생산자에게로 또는 어떤 생산자에서 다른 생산자로 자원이나 부가 옮겨가는 것입니다. 부의 이전은 어떤 면에서 정치적 과정을 통한 일종의 부당한 이용 혹은 착취 exploitation라고 볼 수 있습니다. 즉, 이전을 받은 측에서는 차별적/차등적인 지급을 받는 것이고 이전 당하는 측에서는 착취당하는 셈입니다.

일찍이 털럭 교수는 정부지대를 추구한 결과 발생하는 독점적 특혜와 부의 이전에 대해 지대추구의 사회후생적 관점에서 문제점을 지적한 바 있습니다.

뷰캐넌 교수는 한 발 더 나아가 정부지대는 착취당하는 집단이나 계층의 후생을 저해할 뿐만 아니라 경제 전체의 후생에 손실을 초래한다고 주장합니다. 왜냐하면 지대추구가 만연하는 '지대추구사회'가 될수록 사회의 귀중한 자원들이 생산적인 활동에 기여하는 것이 아니라 지대추구활동에 소요될 것이기 때문입니다. 즉, 한 국가가 보유한 인적,

물적 자원을 비생산적이고 비효율적으로 배분하는 꼴이 되는 셈이지요.

예를 들어, 생산현장에서 활용되어 경제발전에 기여해야 할 노력과 자원이 로비나 정치캠페인 같은 곳에 사용된다는 것입니다. 혹자는 로비나 정치선전도 우리 사회에 필요한 것이 아니냐고 할 수 있습니다. 하지만 엄밀한 의미에서 이들이 추구하는 것이 제한된 자원을 한 집단에서 다른 집단으로 단순히 재분배하는 것에 불과하다는 점에서 국가의 부에 기여하는 생산적인 활동이라고 보기 어려울 것입니다. 따라서 국가 전체적으로 보았을 때 정부지대를 추구하는 행위는 적지 않은 기회비용을 부담하게 됩니다.

이에 대해 뷰캐넌 교수는 또 하나의 중요한 점을 지적합니다. 그는 지대추구활동으로 발생하는 자원의 손실은 시장경제에 대한 정부개입의 규모와 범위, 그리고 정부규제의 확대와 직접적인 관계가 있다고 주장합니다. 즉, 공공부문이 커질수록, 그리고 경제활동에 대한 정부규제의 수준이

광범위하고 강할수록, 사람들이 지대추구를 통해 이권을 얻으려는 기회가 커지게 된다는 것입니다.

예를 들어, 정부가 사회적 기업이라는 이름으로 국내 베이커리 시장에까지 진입하게 되면 빵집을 하려던 사람들은 스스로 품질 좋은 빵을 만들어 시장에서 경쟁하기보다 정부의 지원을 받는 쪽을 택하려는 유인이 생길 것입니다. 한마디로 시장 참여자들은 정부지대를 추구하려는 유혹을 뿌리치기 어렵게 된다는 것입니다.

한편, 정부가 시행하는 각종 지원, 진흥, 촉진 등의 이름의 정책과 사업은 실질적인 의미에서 정부규제에 가까운 경우가 많습니다. 왜냐하면 이들과 관련된 법은 사실상 '차별법'에 해당하기 때문입니다. 예를 들어, '중소기업 기술혁신 촉진법'에 따라 지원 사업의 투자 대상이 되려면 정부의 요구조건을 만족시키고 지정받은 기업이어야 합니다. 물론 당연히 대부분 승자보다 패자가 많게 마련이지요. 이렇게 지대추구로부터 초래되는 사회적인 낭비는 정부의 규모와 규제 수준과 불가분의 관계에 있습니다.

나아가 정부지대는 일단 누군가에 의해 확보되면 지대보호/방어rent protection의 경향으로 쉽게 사라지기 어렵습니다. 하지만 직접적인 수혜자는 바뀔 수가 있는데요. 지대추구에서 실패했던 소수집단의 구성원들이 다시 정부지대를 얻고자 재조직을 시도할 수 있기 때문입니다. 이를 '다수의 순환majority cycle'이라고 합니다.

다수의 순환이 생긴다는 것은 향후 누구도 확실한 승자가 될 수 없다는 의미입니다. 누구도 착취를 하는 승자에 속할 수 있고 또 누구도 착취를 당하는 패자에 속할 수 있다는 것입니다. 결국, 사람들은 생산적인 활동을 하고 부를 창출하는데 투자하기를 꺼려할 것입니다. 설령 그들이 승자에 속해있더라도 말입니다. 왜냐하면 언제든지 패자로 쫓겨날 수 있다는 지속적인 위험과, 자칫 이미 창출된 부를 뺏길 수 있다는 두려움 때문입니다.

정치적 과정을 통해 미래에 언제든지 자신의 부가 다른

이들에게 이전될 수 있는 사회에서 사람들은 생산적인 활동을 통해 부를 축적하기를 꺼려할 것입니다. 결국, 정부지대를 추구하는 활동은 국부의 축적과 국가의 번영에 큰 걸림돌이 됩니다.

지금까지의 논의를 간단하게 정리해 보겠습니다.

지대추구는 시장에서도 정치과정에서도 발생합니다. 하지만 지대추구(활동)의 결과는 확연하게 다릅니다. 시장에서는 독점적 지대를 얻기 위해 서로 경쟁해야 하며 그 결과는 사회적으로 긍정적일 수 있습니다. 언제든 새로운 진입자가 생겨서 경쟁할 수 있기 때문입니다. 반면 정치시장에서 정부의 힘으로 보호되는, 인위적으로 만들어져 독점적 혜택을 얻으려는 지대추구는 원천적으로 새로운 경쟁자의 진입을 가로 막기 때문에 사회 전체에 부정적일 수밖에 없습니다.

앞서 밝혔듯이 시장에서 지대추구는 새로운 경쟁자를 유인하여 독점이 향유하는 독점이윤/지대를 소멸하게 하여 장기적으로 사회후생에 기여하지만, 정부지대를 추구하는 행위는 배타적인 독점권을 보호하고 사회적 후생을 저해하는 결과를 초래합니다. 따라서 반드시 개입해야 하는 기능을 제외하고 시장에서의 생산 활동에 대한 정부의 개입이 늘어날수록 처음 정치적 영역을 공공재의 공급으로 확대하려는 사람들의 이익과 반대되는 결과를 초래합니다.

뷰캐넌 교수는 민주주의가 우리가 기대하는 것처럼 완벽하게 작동할 수는 없다는 점을 지적했습니다. 그것은 바로 정부, 더 정확하게 말해서 정부를 움직이는 사람들의 속성 때문입니다. 따라서 그는 반드시 정부의 권력과 권한에 제한을 두어야 한다고 주장합니다.

5. 정부의 역할과 한계를 구별하다

정부의 역할

뷰캐넌 교수는 시장이 불완전하여 때로는 그 역할을 제대로 하지 못할 수 있듯이(시장실패), 정부 역시 불완전하기 때문에 시장실패를 치유하기 위해 정부가 개입할 경우 그 목적을 달성치 못하고 오히려 상황을 더 악화시킬 수 있다(정부실패)는 점을 강조합니다.

다만 그는 고드윈Godwin, 프루동Proudhon, 바쿠닌Bakunin 등과 같이 개인의 자유가 중요하다고해서 모든 정치권력이나 공공적 통치/지배의 필요성을 부정하는 무정부주의자anarchist와는 거리가 멉니다. 그는 정부가 국민이 자유롭게 생활하는 데 필요한 사회의 기본질서를 제공해야 한다고 생각합니다. 때문에 모든 경제문제는 시장에 맡겨야하고 시장이 정부가 하는 모든 기능을 책임질 수 있다는 소위 '시장만능' 주장에 대해 동의하지 않는다는 입장을 표명했습니다.

1975년 뷰캐넌 교수의 명저 '자유의 한계: 무정부상태와 리바이어던의 사이'라는 제목에서 보여주듯이 그는 개인 자유의 범위와 정부의 역할을 고민했습니다. 그리고 정부는 개인의 자유를 제한하는 것이 아니라 최대한 보장하기 위한 수단이 되어야 한다고 강조하고 이를 위해 요구되는 규칙rule에 대해 논의합니다.

뷰캐넌 교수는 정부의 역할을 크게 보호적 국가로서 역할과 생산적 국가로서 역할로 나누어 설명합니다. 보호적 국가protective state는 시민들이 자유로운 환경에서 각자 개인의 능력을 최대한 발휘할 수 있도록 공동체의 기본이 되는 법과 제도를 마련하고, 경제적 번영을 위한 체제의 기본 틀을 제공하는 역할을 하는 것입니다. 즉, 법과 질서를 유지하면서 사유재산권 제도를 확립하고 계약을 보호하는 것이 바로 보호적 국가의 역할입니다. 특히, 사회가 점점 커지고 복잡해질수록 법을 위반하는 경우가 함께 늘어나기 때문에 헌법적 계약을 예방할 장치로서 정부의 보호적 역할이 더욱 필요합니다.

동의와 계약을 중요시한 뷰캐넌 교수에게 정부란 시민들이 필요에 의해서 자신의 권리를 객관적인 통치 규범으로 보호하는 임무를 맡긴 제도라고 볼 수 있습니다. 따라서 정부 권력의 원천은 모든 권리의 진정한 소유자로서 정부의 통치를 받는 개인들의 '동의'이며, 정부는 통치자로서 주인이 아니라 시민들의 대리인, 나아가 공복$^{public\ servant}$에 불과합니다. 결국 정부는 오직 구체적인 목적을 위해 시민들이 위임한 권리만을 가지며 그 이상의 권력과 권한은 반드시 헌법으로 제한되어야 합니다. 한마디로 보호적 국가는 정부가 해야 할 적절한 임무이자 시민들이 정부를 필요로 하는 근본적인 이유인 셈입니다.

뷰캐넌 교수가 제시한 두 번째 정부의 역할은 생산적 국가입니다. 생산적 국가productive state란 헌법이 허용하는 범위 내에서 공공재와 행정서비스를 제공하고 이를 위한 재정활동을 하는 것입니다. 즉, 사람들이 필요로 하지만 민간부문을 통해 공급되기 어려운 재화나 서비스를 정부가 직간접적으로 제공하는 역할을 하는 것입니다. 이는 시장실패의 원인 가운데 하나인 공공재의 공급에 있어 어느 정도 정부개입을 정당화하는 것과 같은 맥락에서 이해할 수 있습니다.[15] 그런데 보호적 국가는 사회구성원들의 이해관계와 관련 없이 비교적 중립적인 역할을 수행합니다. 반면, 생산적 국가는 공공재의 생산과 공급의 결정에 대해 영향력을 미칠 수 있는 이해관계자들이 정치적 과정을 통해 그들의 이익에 상호 영향을 미치는 것으로 이해할 수 있습니다.

뷰캐넌 교수는 개인의 자유를 보장하고 시장이 제대로 작동하기 위해서는 보호적 국가의 역할이 우선해야 한다고 보았습니다. 그가 보호적 국가의 역할을 강조한 이유는 넓은 의미에서 로크의 자연권 사상에 뿌리를 두고 있기 때문입니다. 인간의 생명, 재산, 자유에 대한 권리는 누구에게도 양도할 수 없는 기본권이기 때문에 정부의 가장 중요한 역할은 바로 시민들의 기본권을 보호하는데 있다는 겁니다.

뷰캐넌 교수는 이처럼 정부가 해야 할 역할을 인정하고 정부기관에게 부여된 임무를 제대로 수행할 수 있도록 일정한 권위를 인정해 주어야 한다고 생각했습니다. 그는 사사로운 이해관계에 이리저리 흔들리는 유약한 정부를 원하지 않았습니다. 정부는 자신이 해야 할 역할에 대해서는 분명한 자세로 원칙을 지키는 모습을 보여야 한다고 생각했습니다.

하지만 동시에 정부가 주어진 공권력과 관료들이 자유재량으로 처분할 수 있는 권한을 남용하지 못하도록 반드시 헌법적 한계를 정하고 구속해야 한다고 생각했습니다. 그리고 어떤 방식으로 적절한 제약을 부여할 것인가에 대하여 헌법정치경제학을 통해 '규칙의 선택'에 대해 깊이 연구합니다.

일반적으로 사람들의 행위는 대부분 개인적인데 반해 정부의 행위는 공적 행위로 물리력을 합법적으로 사용할 수 있는 독점권을 행사합니다. 우리가 흔히 '공권력'이라고 부르는 것은 바로 정부가 의사결정의 주체로서 시민들에게 명령하고 강제할 수 있는 권력을 말합니다. 그런데 우리는 개인의 권리를 위임받은 국가권력이 개인의 자유와 권리를 무분별하게 지배하는 '국가폭력'으로 변질되는 모습을 심심치 않게 보게 됩니다. 우리가 정부에게 공권력을 준 가장 중요한 이유가 다름 아닌 정부로 하여금 타인에 대한 개인의 폭력 사용을 억제시키는 역할을 부여했는데 말입니다. 참 모순이죠?

따라서 이러한 정부의 속성 때문에 시민 개인의 자유를

보호하기 위해서는 정부의 모든 행위가 반드시 법(특히, 헌법)으로 명시되어 엄격하게 통제되고, 제한되어야 합니다. 일반적으로 법과 제도가 적절히 작동하는 사회에서 개인은 합법적인 범위에서 자신이 원하는 의사결정과 행동에 대한 자유를 누릴 수 있습니다. 하지만 원칙적으로 정부는 모든 공식적 행위에 대해 법의 구속을 받아야 합니다. 즉, 개인은 법으로 금지된 것을 제외한 모든 것을 할 수 있도록 허용하는 소위 '네거티브' 시스템을 적용하고, 정부는 법으로 허용한 것을 제외하고는 무엇도 하지 못하도록 하는 '포지티브' 시스템을 도입해야 합니다. 이 같은 방식을 통해서만이 사람이 아닌 '법의 지배'가 실현될 수 있기 때문입니다.

마지막으로 분권화와 지방자치에 대하여 뷰캐넌은 민주주의의 핵심은 정부의 정책과 사업을 기반으로 하는 '정치적 경쟁'이라고 보았습니다. 따라서 중앙정부의 권력을 분산하는 방법을 고민해야 하고, 정치적 규칙과 활동들이 지방정부를 중심으로 이뤄지게 하는 방법을 강구하여 지방정부로 권력을 분산시켜야 한다고 주장합니다.

균형예산과 재정준칙

저는 대학에서 정부의 공공정책에 대한 이론인 정책학을 가르치고 있습니다. 그런데 가장 보편적이고 표준적인 정책학 이론의 대부분은 정부, 즉 정치인과 관료는 기본적으로 공공의 이익을 목적으로 합리적인 의사결정을 한다는 전제에서 출발합니다.

하지만 뷰캐넌 교수는 우리에게 정부와 정치에 대해 낭만적으로 기대하지 말고 정책이 진행되는 과정, 나아가 정치인과 관료의 본질을 현실적으로 보아야 한다고 말합니다. 특히, 그가 정부의 권력남용을 우려했던 분야가 정부의 불합리한 재정정책, 즉 무리한 예산편성과 초과지출의 문제였습니다.

'2022년도 예산 첫 600조 돌파'

'복지예산 200조 시대'

'예산처리 사흘 만에 추경 100조 편성'

해가 갈수록 기록을 경신하고 있는 정부예산의 폭발적인 증가와 '퍼주기식' 재정지출에 이제는 시민들도 둔감해지는 일상이 되어 가고 있습니다. 대한민국이 급속하게 지대추구 사회로 타락하는 모습입니다.[16)]

그런데 왜 이렇게 해마다 정부예산이 확대되고 지출은 늘어나기만 하는 걸까요? 정부의 주장대로 정말 불가피하게 써야할 곳이 점점 많아지기 때문일까요? 이에 대한 냉정한 대답 가운데 하나는 바로 국가재정이 '공유지'의 성격을 가지기 때문입니다. 공유지란 한마디로 주인 없는 땅, 넓게는 개인이 소유하지 않은 자원을 말합니다. 예를 들어 지하자원이나 바다의 해산물과 같이 누구나 이용할 수 있는 개방적인 자원입니다. 공유지 가운데 일부는 정부나 공공단체가 소유하기도 합니다.[17] 주인, 즉 소유주가 없기 때문에 공유지는 언제나 남용, 오용, 낭비되어 궁극적으로 공동체나 사회 전체에 불행한 결과를 낳습니다. 그 유명한 '공유지의 비극The Tragedy of the Commons'이 초래되는 것이지요.

재정학을 공부하면서 정부 예산의 수입측면 보다 지출의 중요성에 주목했던 뷰캐넌 교수는 정부의 재정정책이 장기적인 안목에서 국가의 미래를 보지 못하고 눈앞의 포퓰리즘에 사로잡혀 재정건전성을 심각하게 훼손하고 있다고 지적합니다. '재정건전성fiscal soundness'이란 국가의 채무를 적정한 수준으로 유지하면서 채무상환능력을 갖춘 재정 상태를 말합니다.

뷰캐넌 교수의 주장을 정리하면 이렇습니다.

국가 채무, 즉 국가의 빚은 결국 미래세대의 희생으로 현세대가 누리는 혜택이기 때문에 바람직한 재정운용의 방향은 명확합니다. 정부가 재정적자라는 방법을 남용하지 못하도록 정부예산에서 수입과 지출을 일치시키는 균형예산의 재정준칙을 회복해야 합니다. 나아가 정부가 재정준칙에서 쉽게 빠져나가지 못하도록 이 규칙을 헌법에 반영해야 합니다. 재정건전성에 대한 걱정은 안 해도 된다는 식의 지나치게 낙천적인 이론들과 그럴듯하게 포장된 소득주도성장과 같은 주장을 경제정책으로 삼는 것은 국가번영의 미래를 암울하게 할 뿐입니다.

6. 규칙 선택의 중요성을 강조하다

 스스로를 '입헌계약주의자'라고 불렀던 뷰캐넌 교수는 게임의 규칙을 무엇보다도 중요하게 생각했습니다. 게임의 규칙the rules of the game이란 주어진 상황, 즉 게임에서 어떤 일이 어떻게 수행되거나 어떻게 행동해야 하는지 대한 일반적인 행동기준, 지침 혹은 운영원칙을 말합니다. 물론 여기에는 비공식적이거나 암묵적인 것이 모두 포함됩니다.

 쉽게 설명하기 위해 축구게임의 규칙을 몇 가지 들어 보겠습니다.

우선, 전/후반을 시작하거나 득점 후의 경기를 다시 개시할 때 적용되는 '킥오프kickoff'는 반드시 공을 앞쪽인 상대 진영을 향해 차야 합니다. 또한 시합 중인 골키퍼의 플레이에 대한 몇 가지 규칙이 있는데요. 골키퍼는 공을 손으로 6초 이상 소유할 수 없습니다. 또한 자기편으로부터 패스된 공은 손으로 잡을 수 없습니다. 이를 어길 시 벌칙으로 프리킥을 허용하게 됩니다. 하지만 축구경기에는 지나치지 않을 정도의 몸싸움, 심지어 말싸움이 일부 인정됩니다. 이렇듯 공식적, 비공식적 또는 명시적, 암묵적인 것들 모두 축구 게임의 규칙입니다.

게임의 규칙으로서 법과 제도의 중요성을 강조한 뷰캐넌 교수는 스미스를 비롯한 고전정치경제학자들은 경제와 시장에 대해 법과 제도의 역할을 중요하게 다루었지만, 이후의 주류 경제학자들은 법과 제도를 그저 주어진 것으로 간주하고 나아가 지나치게 수학적이고 기술적인 것에 몰입하여 이를 소홀히 하였다고 지적합니다.

게임의 규칙은 당연히 정부기관에도 적용됩니다. 정부기관의 임무, 권한 등은 반드시 주어진 규칙(법)에 의해 한정된다는 뜻입니다. 그는 정부기관의 본질을 제대로 이해하기 위해서는 기관의 대리인으로서 구성원들이 운영되는 규칙의 관점에서 설명하는 것이 적절하다고 지적합니다.

스미스는 '국부론'에서 한 국가의 부와 번영은 자유로운 시장경제를 바탕으로 이루어지며, 시장경제는 재산권과 계약을 보장하는 법과 제도의 틀에서만 가능하기 때문에 정부의 근본적인 역할은 바로 그 '틀'을 정상적으로 유지하고 보전하는 것이라고 했습니다. 스미스와 고전정치경제학의 전통을 따르는 뷰캐넌 교수는 이를 더욱 발전시켜 법과 제도, 특히 헌법을 강조하는 '헌법정치경제학'이라는 새로운 학문 분야를 개척합니다.

헌법정치경제학constitutional political economy은 법과 제도의 선택에 대한 정치경제학적 분석이라고 할 수 있습니다. 여기서 굳이 헌법이라고 이름 붙인 이유는 주로 법과 제도의 헌법적 규칙의 대안들을 탐구하기 때문입니다. 대부분 기존의 경제학이 법과 제도를 주어진 것으로 간주하고 그 틀에서의 개인의 선택에 관심을 두었다면, 헌법정치경제학은 법과 제도 자체에 초점을 두고 헌법적 대안들의 선택을 다루는 학문이라고 할 수 있습니다. 헌법정치경제학의 접근 방식은 정부란 무엇이며, 어떤 역할을 해야 하는지에 대한 기존의 관점과 매우 다릅니다. 왜냐하면 법과 제도를 선택의 문제로 보는 것과 법과 제도가 이미 주어진 상태에서 개인의 선택 문제를 보는 것에 따라 정부의 역할이 크게 달라지기 때문입니다.

   법과 제도를 주어진 것으로 보는 관점에서 정부의 역할은 시장에서 보다 효율적인 자원 배분에 있습니다. 반면, 법과 제도 자체를 선택의 문제로 보는 관점은 정부의 역할을 보다 나은 법과 제도의 선택에서 찾습니다. 즉, 효율적인 자원배분은 정부가 개입해서 달성할 수 있는 것이 아니고 (나아가 정부가 할 수 있는 능력 밖의 일이고) 시장이 하는 역할이라는 겁니다. 뷰캐넌 교수가 말하는 헌법은 법체계에서 정의되는 좁은 의미가 아니라, 국가 법체계상 최상위 법으로서만 아니라 사회구성원들의 행동과 생활을 규정하고 제약하는 법과 제도, 관습, 규범, 행동규칙 등을 포괄하는 의미입니다.

뷰캐넌 교수는 진정으로 정부를 개혁하기 위해서는 사람을 바꿔서 되는 것이 아니라 규칙 자체를 개혁해야 한다고 주장합니다. 어느 시대, 어느 나라를 막론하고 예외 없이 모든 정부의 궁극적인 개혁은 법과 제도의 개선을 추구하는 개혁, 나아가 '헌법개혁'이 되어야 한다는 것입니다.

이 같은 생각에 영향을 준 것은 바로 규칙의 중요성을 강조한 빅셀이었습니다. 빅셀은 진정한 정치개혁을 위해서는 어떤 방법으로 국회의원을 선출해야 하는가와 같은 미시적인 접근방식(더 좋은 정치인을 선출하는 방법을 개선하는 노력)은 크게 의미가 없다고 말합니다. 왜냐하면 정치인은 본질적으로 선거에서 당선에 결정적인 표를 줄 유권자들의 이해관계에 의해 끌려 다닐 수밖에 없기 때문입니다. 따라서 성공적인 정치개혁을 하려면 '과정'에 주목하고 정치인들에 대한 규칙과 인센티브 구조를 바꾸는데 중점을 두어야만 기대하는 결과를 얻을 수 있다는 것입니다.

뷰캐넌 교수에 따르면, 법과 제도개혁은 어떤 구체적인 성과를 추구하는 '결과지향적인' 개혁과는 다른 것입니다. 결과지향적인 개혁은 정부가 어떤 목표를 정하고 이를 달성하기 위해 시장에 직접 개입하는 것으로, 자원배분을 통한 정부의 개입에 해당합니다. 뷰캐넌 교수가 주장한 개혁은 법과 제도 자체를 개선하려는 노력이라는 점에서 이와 다릅니다.

그런데 이러한 제도개혁의 가장 큰 걸림돌이 되는 것이 바로 개혁에 대한 '합의'입니다. 때문에 그는 보편타당한 제도개혁의 불가피성을 강조하면서 설득과 토론의 힘을 통해 합의를 이끌어 낼 수 있다고 생각합니다. 제도개혁 역시 이에 따른 수혜자와 손해를 보는 자가 생기기 마련입니다. 때문에 개혁의 추진 과정에서 손해를 보는 이들에 대한 보상 방법을 강구해야 합니다.

뷰캐넌 교수는 이익집단의 압력에 따른 사회적 부작용에 대해서도 제도개혁을 통해 정부의 행동이 헌법적 틀 안에서 제한된다면 상당 부분 희석될 것으로 보았습니다. 즉, 일부 이익집단에게만 이익이 돌아가는 법과 제도는 헌법적 제약을 받게 된다는 것입니다. 나아가 그는 궁극적으로 정부개혁의 성패는 정부의 활동영역에 대한 시민들의 태도 혹은 여론에 달려있다고 보았습니다. 일반 대중의 태도에 따라 정부가 개입하는 영역의 범위가 결정된다는 것입니다. 뷰캐넌 교수에게 정치는 일종의 게임이었고 헌법은 게임의 규칙이었습니다.

에필로그

　뷰캐넌 교수는 고전정치경제학과 자유주의사상을 바탕으로 정부에 대한 지배적인 통념^{orthodoxy}에 한 치의 주저함도 없이 도전하였습니다. 그는 정치인과 관료는 천사도 악마도 아닌 '보통사람'이라고 전제하고 각자의 이해관계가 의사결정에 어떤 영향을 미칠지에 대해 고민하였습니다.

　뷰캐넌 교수의 학문적 기여는 정부가 기대만큼 제대로 작동하지 않은 이유를 설명하고 정부실패와 헌법실패의 원인을 탐구한 것입니다. 또한 게임의 규칙으로서 한 나라의 헌법이 어떤 방향으로 개선되어야 하는지, 정부에게 어느 정도의 권한을 부여하고 제한해야 하는지 등 정치적 의사결정의 구조를 바꾸어 놓았습니다.

그는 사람들이 정부와 정치과정을 바라보는 순진한^{naive} 시각을 경고하고. 그리고 시민이 부여한 본연의 역할에 충실한 정부, 재정준칙도입을 통한 재정건전성 유지, 불합리한 정부규제의 적극적인 개혁을 주장했습니다. 다만 그는 개혁을 위한 정치적 논의와 진행 과정에서 발생할 수 있는 급진적인 반항^{rebel}을 거부했으며, 사회가 건강하게 전환되기 위해서는 기존의 질서를 유지하면서 점진적으로 규칙을 바꾸어야 한다고 생각했습니다.

・・・

뷰캐넌 교수는 우리나라와도 인연이 있는데요. 1996년 한국경제연구원의 초청으로 한국을 방문하여 '왜 시장경제인가'라는 주제로 강연을 했습니다. 그는 정보화와 개방화의 물결이 거세게 몰아치던 시대에 국가의 번영과 지속가능한 발전은 법과 제도의 개혁에 달려있다고 강조했습니다.

1996년 방한 당시의 모습.
좌측부터 최승노, 뷰캐넌, 손병두

선진국들의 사례를 통해 60년대까지 꾸준히 경제성장을 이어오던 국가들이 정부의 과도한 시장개입, 복지국가라는 이름하에 무리한 제도 도입으로 더 이상의 경제발전에 어려움을 겪고 있다고 지적합니다. 그리고 그 때까지만 해도 빠른 성장세에 있던 우리나라가 이를 교훈삼아야 한다고 경고했습니다. 뷰캐넌 교수는 평생 연구를 통해 시장실패보다 더 무서운 것은 무분별하고 불합리한 정부의 개입으로 인한 정부실패와 헌법실패라고 경고했습니다. 무엇보다도 개인의 자유와 시장의 원리를 존중하고, 시민의 생명, 자유, 재산을 보호하기 위해 정부가 진정으로 해야 할 역할을 분명히 해야 하며, 원칙에 따른 정치와 국정 운영, 그리고 무엇보다도 게임의 규칙으로서의 헌법의 중요성을 강조했습니다.

뷰캐넌 교수를 생전에 보았던 많은 사람들은 그를 우리가 함께 사는 사회의 많은 현상들을 다양한 주제와 분야에서 항상 진지한 자세로 진리를 탐구하며 평생을 성실한 자세를 잃지 않은 위대한 학자로 평가합니다. 케인즈를 비롯하여 많은 저명한 경제학자들이 직업의 일정부분을 정부의 일원이 되어 활동했던 것과 달리 뷰캐넌 교수는 자신의 역량과 노력을 오직 학회와 연구모임 등에 헌신하며 자신의 커리어 대부분을 순수하게 학문에 바쳤습니다.

참고문헌

- 김성준. (2020). 공공선택론 제2판. 박영사.

- 김이석. (2004). 좀 더 나은 정치적 의사결정을 위한 경제학의 주창자 – 제임스 뷰캐넌. 자유주의 사상가 列傳. 월간조선.

- 민경국. (2019). 뷰캐넌의 헌법경제학이 주는 교훈을 찾으려면. 시장경제학회.

- 자유기업원. 1986년 노벨경제학상 수상자 제임스 뷰캐넌(James M. Buchanan)과의 인터뷰. 인터뷰 시리즈 #07. 자유기업원. 1997.

- Boettke, P. & Stein S. (2018). Buchanan's Tensions: Reexamining the Political Economy and Philosophy of James M. Buchanan. Mercatus Center. George Mason University.

- Brennan, G., & Buchanan, J. M. (1980). The Power to Tax: Analytical Foundations of a Fiscal Constitution. Cambridge University Press.

- Buchanan, J. M. (1975). The Limits of Liberty: Between Anarchy and Leviathan. University of Chicago Press.

- Buchanan, J. M. (1992). Better than Plowing and Other Personal Essays. The University of Chicago Press.

- Buchanan, J. M., Burton, J., & Wagner, R. (2021). 케인스는 어떻게 재정을 파탄냈는가: 한국의 미래는 재정준칙에 달려 있다 (옥동석 역편저). 자유기업원. (원서출판 1978).

- Buchanan, J. M., & Musgrave, R. (2003). 국가성격논쟁: 재정론과 공공선택론 (우명동, 오명기 옮김). 해남. (원서출판 1999).

- Buchanan, J. M., & Tullock, G. (1965). The Calculus of Consent: Logical Foundations of Constitutional Democracy. University of Michigan press.

- Gros, F. (2014). 걷기, 두발로 사유하는 철학. (이재형 옮김). 책세상. (원서출판 2009).

- Meadowcroft, J. (2022). Peter J. Boettke and Alain Marciano (eds.): The Soul of Classical Political Economy: James M. Buchanan from the Archives.

- Mueller, D. C. (2003). Public Choice III (3rd ed.). Cambridge University Press.

- Parramore, L. (2018). Meet the Economist Behind the One Percent's Stealth Takeover of America. Institute for New Economic Thinking, 30.

- Reisman D. (2015). James Buchanan. Palgrave Macmilan.

- Spencer, R, &. Macpherson, D. (eds.). (2020). Lives of the Laureates: Thirty-Two Nobel Economists. (7th ed.) The MIT Press.

- Wagner, R. E. (2012). Knut Wicksell and Contemporary Political Economy. In Handbook of the History of Economic Thought (pp. 513-525). Springer.

- Wagner, R. E. (2017). James M. Buchanan and Liberal Political Economy: A Rational Reconstruction. Lexington Books.

- Waters, A. R. (1977). Freedom in Constitutional Contract, Perspectives of a Political Economist. Texas A&M University Press.

Youtube

- 김성준. [자유기업원]. (2022년 1월 4일 완강). 공공선택론 입문 제1강-12강 [동영상 재생목록]. 유튜브. https://www.youtube.com/watch?v=Crc7C47AFH0&list=PLy7J0ZM9oZqpFm8nf0jlk1TDffX4p87MP

- Free To Choose Network. (2016, March 21). Friedrich von Hayek and James Buchanan Part I (S1029) – Full Video [video]. Youtube. https://youtu.be/DP8Ymod_ses

- Free To Choose Network. (2016, March 18). Friedrich von Hayek and James Buchanan Part II (S1010) – Full Video [video]. Youtube. https://youtu.be/8R3UZEnqO4w

- Free To Choose Network. (2010, November 25). Walter Williams and James Buchanan – The Constitution's Erosion [video]. Youtube. https://youtu.be/45RJb6L3NRY

- Free To Choose Network. (2016, July 28). PRC Forum: James Buchanan (U1026) – Full Video [video]. Youtube. https://youtu.be/178aognlYHA

- Libertarianism.org. (2012, May 31). Gordon Tullock and James Buchanan: The Calculus of Consent After 25 Years [video]. Youtube. https://youtu.be/aG_MOGoY_EY

- Libertarianism.org. (2013, April 11). James M. Buchanan: Antitrust and Politics as a Process [video]. Youtube.https://youtu.be/DkkyY6Wg0tA

- University Libraries SCRC. (2016, July 28). James Buchanan Oral History Interview Segment [video]. Youtube. https://youtu.be/Ryk7zbw3Tx0

- University of Richmond. (2010, June 22). James Buchanan on Chicago School Thinking: Old and New [video]. Youtube.https://youtu.be/7_atDse06r4

- University of Richmond. (2010, June 30). James M. Buchanan on Economists and the Great Recession [video]. Youtube.https://youtu.be/7SXhW9ucEW8

- University of Richmond. (2012, July 4). James M. Buchanan on "Institutional Sources of America's Fiscal Tragedy" [video]. Youtube. https://youtu.be/UAu1gUbE0uc

뷰캐넌 교수의 연보

- 1919년. 테네시 주에서 출생
- 1936~1940년. 미들테네시교육대학
- 1940~1941년. 테네시 대학 경제학과 석사
- 1945년. Anne Bakke와 결혼
- 1945~1948년. 시카고 대학 경제학과 박사
- 1956~1968년. 버지니아 대학교 정치경제학과 교수. 토마스 제퍼슨 센터 설립.
- 1969~1983년. 버지니아 공대 경제학과 교수. 공공선택연구소 설립.
- 1983~2013년. 조지메이슨 대학 경제학과 교수 및 명예교수. 공공선택연구소 이전.
- 1986년. 노벨 경제학상 수상.
- 2013년. 버지니아 주에서 소천(召天).

주요 저작 (books only)

- 1958. Public Principles of Public Debt: A Defense and Restatement
- 1960. Fiscal Theory and Political Economy: Selected Essays
- 1962. The Calculus of Consent: Logical Foundations of Constitutional Democracy (with Gordon Tullock)
- 1967. Public Finance in Democratic Process: Fiscal Institutions and Individual Choice
- 1968. Demand and Supply of Public Goods
- 1969. Cost and Choice: An Inquiry in Economic Theory
- 1975. The Limits of Liberty: Between Anarchy and Leviathan
- 1977. Democracy in Deficit: The Political Legacy of Lord Keynes

(with Richard E. Wagner)

- 1978. Freedom in Constitutional Contract: Perspectives of a Political Economist
- 1979. What Should Economists Do?
- 1980. The Power to Tax: Analytical Foundations of a Fiscal Constitution (with Geoffrey Brennan)
- 1985. The Reason of Rules: Constitutional Political Economy (with Geoffrey Brennan)
- 1985. Liberty, Market and State: Political Economy in the 1980's
- 2005. Why I, Too, Am Not a Conservative: The Normative Vision of Classical Liberalism
- 2007. Economics from the Outside In: Better than Plowing and Beyond

주석

1) 노벨상은 물리학, 화학, 생리학·의학, 문학, 평화상의 5개 분야가 알프레드 노벨의 유언에 의해 제정된 것과는 달리, 노벨 경제학상의 경우 1968년 스웨덴 중앙은행 설립 300주년을 기념해 제정되었습니다. 그래서 경제학상의 정식 명칭은 '알프레드 노벨을 기념하는 경제학 분야의 스웨덴 중앙은행상(The Sveriges Riksbank Prize in Economic Sciences in Memory of Alfred Nobel)'입니다. (nobelprize.org/nobel_prizes/economics/laureates/1986/index.html)

2) 재미있는 것은 자유주의 경제학자를 포함해서 상당수의 자유주의자들이 인생에서 '우연한 일'의 중요성을 얘기한다는 것입니다. 그들은 세상에 중요한 일들은 대부분 자신의 계획이 아니라 우연한 사건에 의해 이루어진다고 생각합니다. 개인적으로 이런 사고방식은 결국 경제에 대한 정부의 '계획'의 역할에 대한 자유주의자들의 회의적 시각과 맥락을 같

이 한다고 생각합니다.

3) 'Better Than Plowing'은 직역하면 '쟁기질 보다 나은' 정도인데, 뷰캐넌 교수는 자신이 농사일을 하는 대신에 학계에 종사할 수 있었던 행운이라는 표현이라고 말합니다.

4) 뷰캐넌 교수가 자신을 포퓰리스트였다고 했던 의미를 정확하게 알 수는 없지만, 자신을 가난한 농사꾼의 아들이었다고 했던 입장에서 엘리트집단과 특권층에 대해 피지배층 혹은 대중이 중심이 되어야 한다는 생각을 가졌던 것으로 해석됩니다.

5) 최적다수결제도의 자세한 내용에 대해서는 김성준의 공공선택론(박영사, 2020)을 참고하십시오.

6) 걷기, 두발로 사유하는 철학(프레데리크 그로 지음/이재형 옮김, 2014)

7) Muller, D.(2003). Public Choice III. Cambridge University Press.

8) 엄밀한 의미에서는 고전정치경제학의 방법론이라고 해야 하지만, 방법론적 개인주의와 합리적 결정자로서의 경제인간의 가정은 주류경제학도 받아들이기 때문에 여기서는 편의상 그냥 경제학적 방법론이라고 하겠습니다.

9) 전자를 방법론적 개인주의(Methodological Individualism), 후자를 합리적 선택(Rational Choice) 혹은 경제인간(Homo Economicus)

이라고 합니다.

10) 여기서는 깊게 다루고 있지 않지만 뷰캐넌 교수에 대한 지금까지의 내용을 통해 짐작할 수 있듯이, 그는 케인즈 경제학과 정부주도의 거시경제학에 대해서도 비판적인 입장을 가집니다. 한마디로 그는 시장경제에 대한 인위적인 계획이나 정책은 장기적으로 효과가 없다고 생각합니다.

11) 카탈락틱스라는 용어는 Richard Whately가 'Introductory Lectures on Political Economy (1831)'에서 처음 사용하였습니다. 그는 정치경제학이라는 이름에 반대하면서 카탈락틱스 즉, 교환학이라는 용어의 사용을 주장했습니다.

12) 경제학에서는 이를 선호의 이행성(transitivity)라고 합니다. 효용이론에 따르면 합리적인 사람은 여러 대안 중에 가장 효용이 높은 것을 선택해야 하지만, 실제로는 반대로 효용이 낮은 것을 선택하여 이를 충족하지 못하는 현상을 '선호의 비이행성(intransitivity)'라고 부릅니다.

13) 로그롤링(logrolling)이란 입법과정에서 정치인들 간에 서로 표를 거래하는 것입니다. 즉, 자신이 발의한 안건에 대한 지원을 확보하기 위해 다른 의원이 발의한 의안을 지원하는 것을 말합니다.

14) Brennan, G., & Buchanan, J. M. (1980). The Power to Tax: Analytical Foundations of a Fiscal Constitution. Cambridge University Press.

15) 저는 우리 사회에서 공공재(public goods)만큼 오해가 많은 개념이

없다고 생각합니다. 흔히들 공공재라고 하면 '공공'이라는 단어 때문에 사회 전체를 위한다거나, 공익을 위한 재화와 서비스를 생각합니다. 하지만 그것은 공공재 공급을 통한 결과이지 공공재 원래의 개념을 뜻하지 않습니다. 공공재의 정의는 단순히 '비경합적이고 비배제적인 재화와 서비스'를 말합니다. 여기서 비경합적이란 한 사람이 해당 재화를 사용/소비하더라도 다른 사람의 소비 가능성이 줄지 않는다는 의미이고, 비배제적이란 대가를 지불하지 않고도 재화나 서비스를 소비할 수 있다는 의미입니다. 따라서 굳이 사용하자면 Olson 교수가 제시한 '집합재(collective goods)'라는 용어가 더 분명하고 적합하다고 생각합니다.

16) 지대추구사회는 한마디로 사회구성원들이 자신의 생산적인 기여 없이 보상을 받으려는 사회라고 할 수 있습니다.

17) 사전적으로 공유지는 정부나 공공단체가 소유하는 땅이라고 정의됩니다. 이는 주인이 없는 경우 사후적으로 국가에 귀속된 것입니다.